2015年度
北京地区股权投资行业报告

北京股权投资基金协会 编
Beijing Private Equity Association (BPEA)

首都经济贸易大学出版社
Capital University of Economics and Business Press
·北 京·

目　　录

第一部分　2015 年度北京地区私募股权投资行业发展指数发布及解析

第二部分　2015 年北京地区股权投资市场统计报告

第三部分　第七届全球 PE 北京论坛精彩观点

第四部分　政策汇编(2015年12月)

第五部分　北京股权投资基金协会会员名录

第六部分　北京股权投资基金协会介绍

第 一 部 分

2015 年度北京地区私募股权投资行业发展指数发布及解析

2015 年是中国股权投资行业发展过程中具有标志性意义的一年。从外部环境看，中国经济进入“新常态”元年，消费升级、金融创新驱动、经济结构优化、体制转型等成为未来一段时间的市场热点，经济转型升级阵痛下孕育着股权投资行业新的投资机会；从行业本身看，在 400 亿元新兴产业创投引导基金、双创政策、新三板迅速发展等的影响下，行业募资、投资、退出数据再创历年新高，行业内投资策略和退出渠道发生结构性变化，天使投资、早期投资发展更为迅猛；同时，受宏观经济下滑影响，股权投资行业整体面临新的挑战。

作为全国政治、文化、教育中心的首都北京，自 2011 年年底提出打造“全国股权投资中心”的战略定位以来，吸引了众多股权投资机构在京落地生根，现已成为股权投资最活跃的地区之一。北京地区的股权投资行业发展在全国是处于领先地位的，从北京地区的股权投资行业发展态势可以一窥中国的股权投资行业发展现状和趋势。

自 2013 年下半年以来，在北京市金融工作局的指导和支持下，北京市金融发展促进中心、中国股权投资基金协会、北京股权投资基金协会、北京大学金融与产业发展研究中心以及清科研究中心共同编制了北京地区私募股权投资行业发展指数（以下简称“北京 PE 指数”）。作为国内首个反映私募股权投资行业发展状况的指数，其在编制过程中得到了多家行业内有影响力的 PE 和 VC 投资机构的支持。

北京 PE 指数编制和发布的频率为半年一次，以 2013 年上半年为基期，基期值标准化为 100。

同时，为了比较私募股权投资行业 2006 年以来的历史发展情况，编制组基于年度数据的半年度平均，对 2006—2012 年的历史数据进行了模拟。总体来看，2015 年北京地区股权投资发展情况一定程度上反映了全国的行业发展特点，北京地区私募股权投资行业在 2015 年呈现如下特点。

1 行业发展热度不减

图1显示，2006—2012年，行业发展总体上呈增长态势。其中，2007—2008年、2010—2011年指数有较大幅度的增长，2011年达到了近几年的顶峰，较好地模拟了过去几年的发展态势。股权投资行业在2006年、2007年刚刚起步，规模较小，当时市场上活跃的主要是外资PE管理机构；2008—2009年，资本推动下企业快速扩张、海外上市等事件不断上演，这个时期的股权投资募资、投资规模不断增加，股权投资逐渐成为企业融资的另一种选择；2010—2011年，国内创业板启动后大量股权投资获得高额回报，一度引发全民PE投资热潮，行业发展达到一个顶峰。2012年至2013年第一季度，行业受国内外经济环境变化、国内IPO停滞等因素影响，发展迅速跌入低谷。

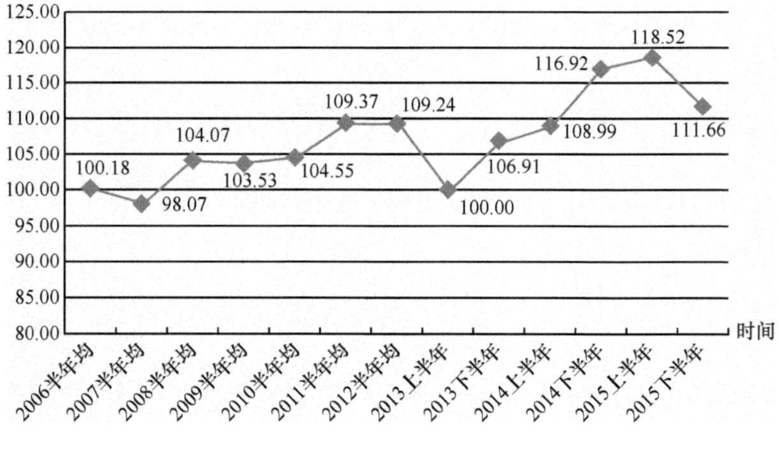

图1 2006—2015年北京地区私募股权投资行业发展指数变化

2013年下半年开始，行业持续回暖，直至2015年，行业发展热度不减。2015年上半年北京PE指数为118.52，创近几年来的新高。而2015年下半年虽然指数环比下降，但是市场投资和退出热度不减。2015年下半年北京PE指数为111.66，在指数上表现为自 2013 年指数发布以来的首次环比下降，但是分项指标中投资和退出仍然保持在较高水平。

2　募资略有下降，投资和退出仍保持在较高水平

在 2006—2015 年整个时间区间内，行业的募资指标较行业发展指数具有先行意义；投资指标与行业发展指数走势基本一致，但波动幅度比行业发展指数较小；退出指标显示，行业退出规模在 2012 年 IPO 停滞之前一直呈稳定增长的趋势，表明此前股权投资行业面临的退出环境是不断改善的，这与我国资本市场逐步完善紧密相关。2013 年上半年，募资、投资、退出指标都跌到阶段低点，但是 2013 年下半年各项指标均有不同程度的反弹，特别是投资指标和退出指标。2014 年和 2015 年反弹趋势得以持续，虽然 2015 年投资和退出指标较 2014 年下半年高点有所降低，但是仍然保持在较高水平。

根据机构调研问卷的反馈，2015 年上半年发生的投资和退出的案例数明显上升，机构投资热情不减，退出渠道也逐步拓宽。这表明 2015 年上半年，机构投资处于早期阶段，导致单个投资案例金额降低，总体投资金额略有下降；机构退出渠道增多，特别是在新三板快速发展的影响下，机构单个案例退出金额也较往期有所下降，导致总体退出规模略有下降。由此可见，北京地区 PE 机构投资和退出正在发生结构性的变化。

投资和退出指标的持续转好，反映了当前行业正处于一个良性发展的环境中，外部经济环境和政策环境的改善为股权投资提供了前所未有的发展机遇。2015 年在“一带一路”“京津冀协同发展”“双创”等战略和相关配套政策频出的背景下，中国经济转型下的深化改革给 PE 带来众多投资机遇。而退出方面，新三板的快速发展带来了人民币基金的收获期，IPO 重启缓解机构退出压力。相较投资和退出而言，募资

活动在 2015 年的下降趋势较为明显,募资指数的下降代表了市场上 LP 对未来市场预期的下降(见图 2)。

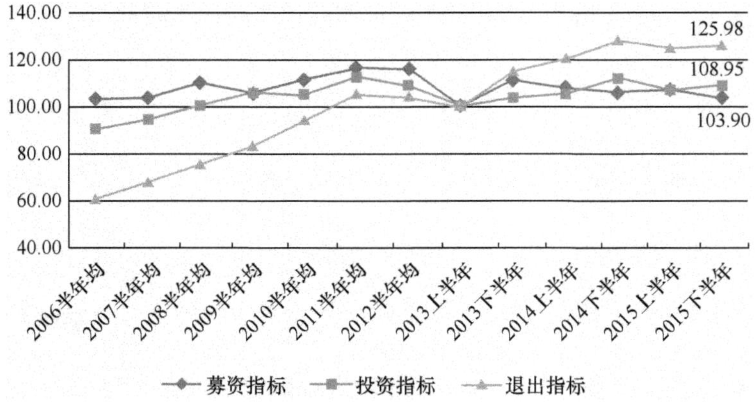

图 2　2006—2015 年北京地区私募股权投资行业募资、投资和退出指数走势

3　行业信心指数首降,机构对 2016 年上半年募资和投资时点难以预期

2015 年上半年信心指数为 139.29,再创历史新高。2015 年上半年对机构信心的调查显示,行业信心十足,机构看好未来半年募资和投资时点,其中募资预期和投资预期达到历史信心高点,表明在当时外部环境下,机构普遍看好未来半年基金将迎来募资、投资的机遇。

从 2015 年上半年机构信心调查的分项指标上看,样本机构对未来"行业总体评价"、"自身业务发展"、"投资项目多少"、"合意投资时间"以及所投资"企业运营情况"的预期较上半年的现实状况更乐观,而对募资难易的估计较为保守。图 3 显示,"募资难易程度"与平衡位置持平,而其他指标均高于平衡位置,表明样本机构对于未来自身投资业务的发展仍然具备充分的信心。

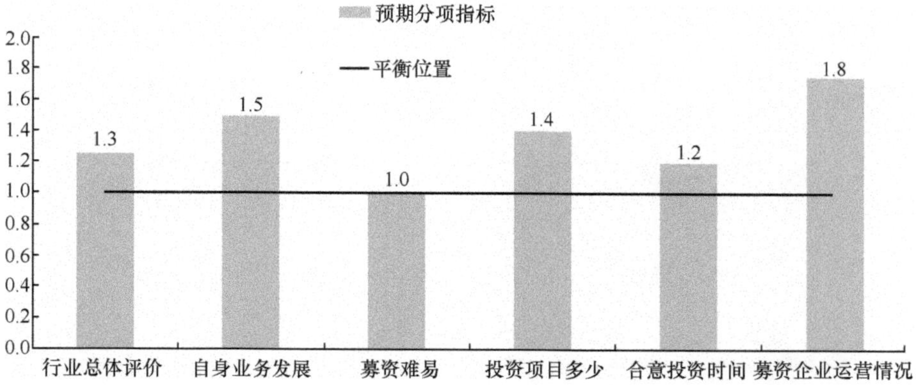

图 3　2015 年上半年预期分项指标与平衡位置的关系

说明：平衡位置是表明样本机构预期 2015 年下半年发展状况与上半年持平的位置，高于此位置表明预期更乐观，反之较悲观。

但是在 2015 年下半年对机构信心的调查则出现转折，2015 年下半年信心指数为 112.67，是自 2013 年指数发布以来的首次下降。行业信心调查显示，机构对未来半年行业发展预期信心不足，尤其是对未来半年的投资预期不明确，表明在当前外部环境下，机构对宏观经济下滑对企业经营环境造成的不良影响存在担忧，对未来半年企业成长及投资时点难以预期。

从 2015 年下半年机构信心调查的分项指标上看，样本机构对未来“自身业务发展”、“投资项目多少”以及所投资“企业运营情况”的预期较上半年的现实状况更乐观；而对“未来合意投资时间”的估计较为保守。图 4 显示，“行业总体评价”和“募资难易程度”与平衡位置持平；“未来合意投资时间”低于平衡位置，其他指标略高于平衡位置，但是整体而言信心指数较往期有所下滑。

综上所述，从 2015 年指数发布情况来看，2015 年上半年北京地区私募股权投资行业发展在 2014 年下半年发展小高潮基础上保持平稳发展，行业热度不减。行业内募资表现平稳，未见大的波动，投资和退出领域正在发生结构性变化，投资阶段向早期靠近，退出渠道多元化。而 2015 年下半年北京地区私募股权投资行业发展指数环

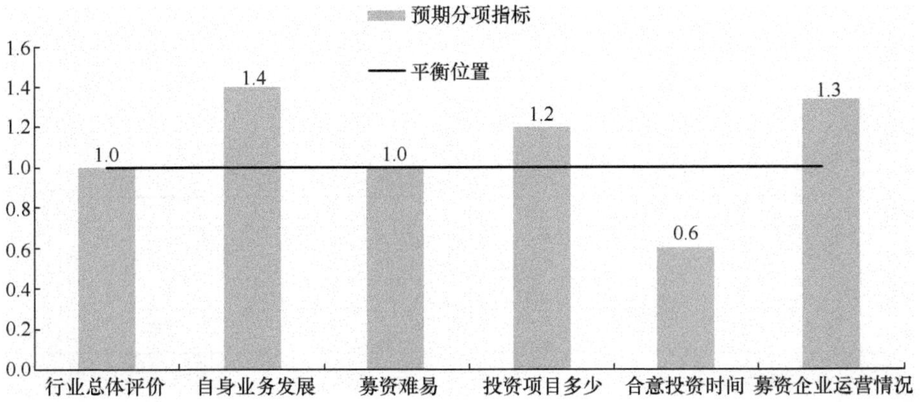

图4 2015年下半年预期分项指标与平衡位置关系

说明:平衡位置是表明样本机构预期2016年上半年发展状况与2015年下半年持平的位置,高于此位置表明预期更乐观,反之较悲观。

比下降,但仍处于历年高位,市场投资和退出热度不减。2015年下半年北京PE行业发展虽然受到"双创"政策、"新三板"快速发展等积极因素影响,但宏观经济下调使得行业整体面临新的挑战。中国经济在转型过程中有挑战也有机遇,对于PE行业而言,经济低谷时期又恰恰是行业深度调整机遇,我们期待北京地区私募股权投资行业向着更专业、更成熟的方向发展。

第 二 部 分

2015 年北京地区股权投资市场统计报告

1　中国股权投资市场现状分析

1.1　管理资本量分析

据清科集团旗下私募通统计,2015 年中国股权投资市场共管理可投资于中国内地的资本存量达 14 192.69 亿元人民币,较 2014 年增加 2 492.82 亿元人民币,增幅为 23.1%。其中,创投机构共管理可投资于中国内地的资本存量达 3 961.17 亿元,较 2014 年增加 703.72 亿元;PE 机构共管理可投资于中国内地的资本存量 10 232.52 亿元,较 2014 年增加 1 789.80 亿元。

据清科集团旗下私募通统计,2007—2015 年,中国股权投资市场可投资于中国内地的资本总量逐年增长,年均复合增长率达 13.8%,2015 年可投资于中国内地的资本总量是 2007 年的 3.63 倍。其中,2008 年是可投资本量增长比较明显的一年,增长率为 89.8%。自 2011 年下半年以来,中国股权投资市场募资市场整体遇冷,LP 投资谨慎,2012 年和 2013 年募资增幅不大。2014 年中国股权投资市场基金募资情况出现好转,尤其表现在募集规模上面,管理资本量较 2013 年增长 6.4%,2015 年较 2014 年增长 21.3%。具体情况见表 1－1 和图 1－1。

表 1－1　2007—2015 年可投资于中国大陆的资本总量及其变化率比较

年　度	管理资本量(人民币:亿元)	变化率
2007 年	3 909.45	—
2008 年	7 419.79	89.8%

续表

年　度	管理资本量(人民币:亿元)	变化率
2009年	7 607.81	2.5%
2010年	8 897.95	17.0%
2011年	10 150.85	14.1%
2012年	10 591.69	4.3%
2013年	10 960.79	3.5%
2014年	11 699.87	6.7%
2015年	14 192.69	21.3%

来源:私募通,2016.04. www.pedata.cn

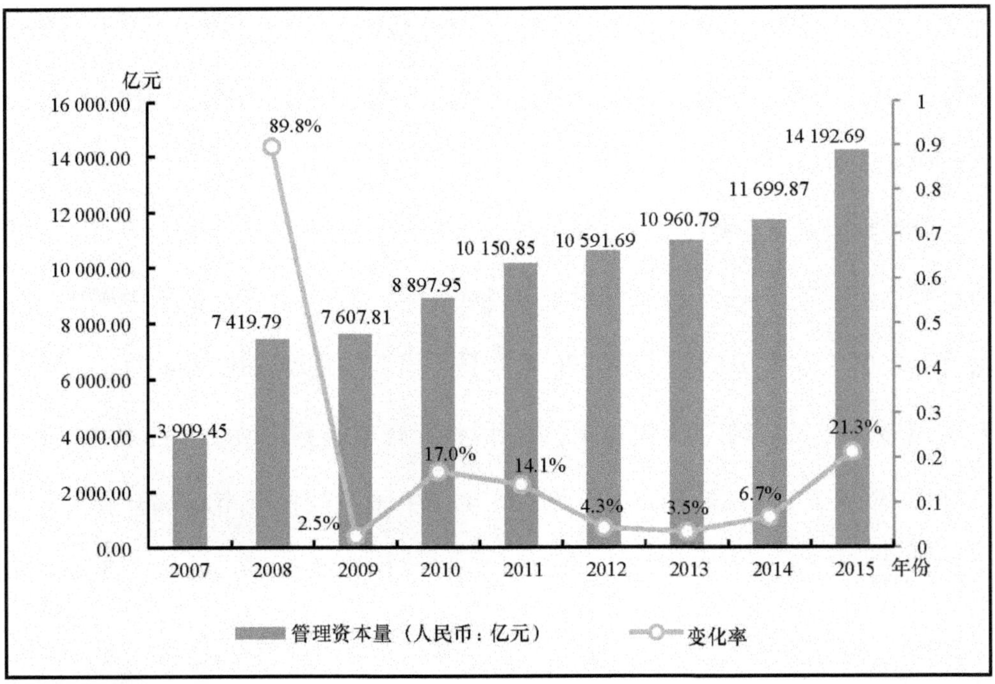

来源:私募通,2016.04. www.pedata.cn

图1-1　2007—2015年中国股权投资市场管理资本量情况比较

1.2 募资情况分析

2015 年，随着国内多层次资本市场进一步丰富和完善，尤其新三板市场的火爆，中国股权投资市场蓬勃发展，退出渠道更加多元，激发了投资者的热情，增强了 LP 的投资意向。此外，国务院发文加快构建“双创”平台，鼓励支持“四众”发展，股权众筹政策日益全面，天使投资活跃，国企改革引发并购热潮，互联网领域大热等，都增强了投资者的信心，因此 2015 年中国股权投资市场基金募集在数量及规模上均出现大幅增长。

据清科集团旗下私募通统计，2015 年 VC/PE 机构共新募集 2 970 支可投资于中国内地的基金，同比上升 298.7%；已知募资规模的 2 259 支基金新增可投资于中国内地的资本量为 7 849.47 亿元人民币，较 2014 年的 5 117.97 亿元增长 53.4%，全年已披露金额的基金平均募集规模为 3.47 亿美元，同比增长 199.1%。具体情况见表 1－2 和图 1－2。

表 1－2 2006－2015 年中国股权投资市场募资情况分析

年 度	新募基金数（总）	变化率	新募基金数（金）	新增资本量（人民币：亿元）	变化率	平均新增资本量（按增资机构）（人民币：亿元）
2006 年	79	—	79	1 418.76	—	17.96
2007 年	122	54.4%	122	2 992.91	126.0%	24.53
2008 年	167	36.9%	167	4 676.09	66.7%	28.00
2009 年	124	－25.7%	124	1 285.00	－72.5%	10.36
2010 年	240	93.5%	232	2 567.90	106.2%	11.07
2011 年	617	157.1%	600	4 231.49	72.9%	7.05
2012 年	621	0.6%	606	2 177.85	－48.4%	3.59
2013 年	548	－11.8%	532	2 514.50	19.6%	4.73
2014 年	745	35.9%	715	5 117.97	100.9%	7.16
2015 年	2 970	298.7%	2 259	7 849.47	53.4%	21.42

来源：私募通，2016.04.

www.pedata.cn

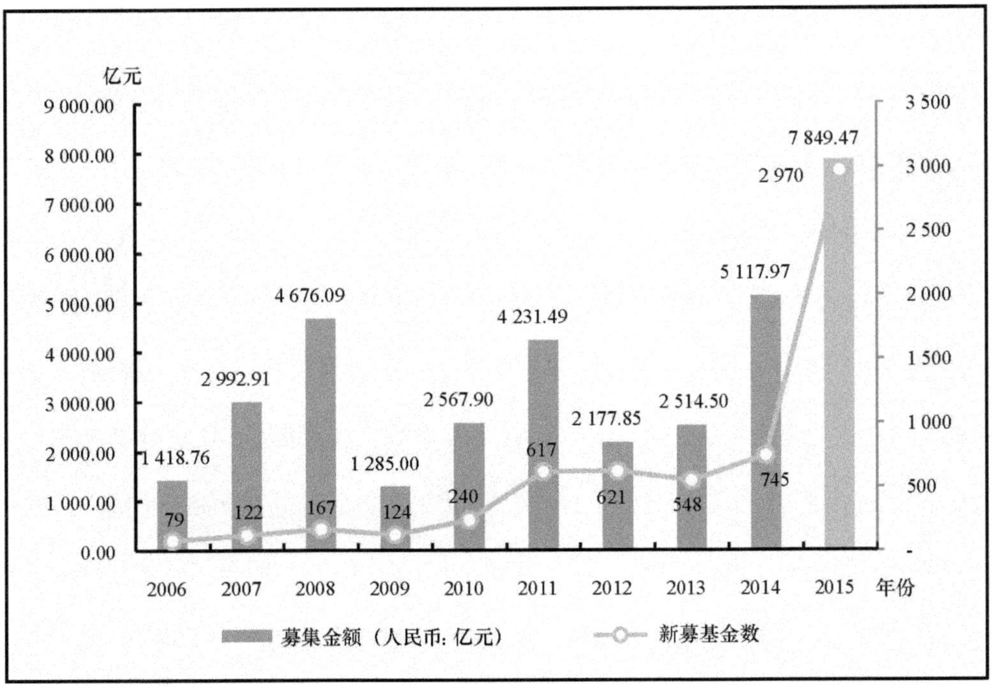

来源：私募通，2016.04.　　www.pedata.cn

图1－2　2010—2015年中国股权投资市场募资情况比较

1.3　投资情况分析

据清科集团旗下私募通统计，2015年中国股权投资市场共完成8 365起投资案例，较2014年同期增长130.7%；投资交易共涉及金额5 254.96亿元人民币，较2014年同期的4 376.74亿元增加20.1%，双项数据均创历史新高。整体来看，在创新创业的大背景下，中外创投机构和私募股权投资机构已经进入投资“狂热期”，且投资阶段愈发前移。2006—2015年，中国股权投资市场整体攀升，投资案例数与投资金额年复合增长率分别为32.5%和16.4%。具体情况见表1－3和图1－3。

表 1－3　2006—2015 年中国股权投资市场投资情况分析

年　度	投资金额（人民币亿元）	变化率	案例数（总）	变化率
2006 年	1 151.85	—	501	—
2007 年	1 173.48	8.9%	617	23.2%
2008 年	943.65	-14.0%	762	23.5%
2009 年	775.38	-17.8%	594	-22.0%
2010 年	1 043.83	38.9%	1 180	98.7%
2011 年	2 561.91	157.5%	2 200	86.4%
2012 年	1 704.85	-33.2%	1 751	-20.4%
2013 年	1 886.78	14.7%	1 808	3.3%
2014 年	4 376.74	129.0%	3 626	100.6%
2015 年	5 254.96	20.1%	8 365	130.7%

来源：私募通，2016.04.　　www.pedata.cn

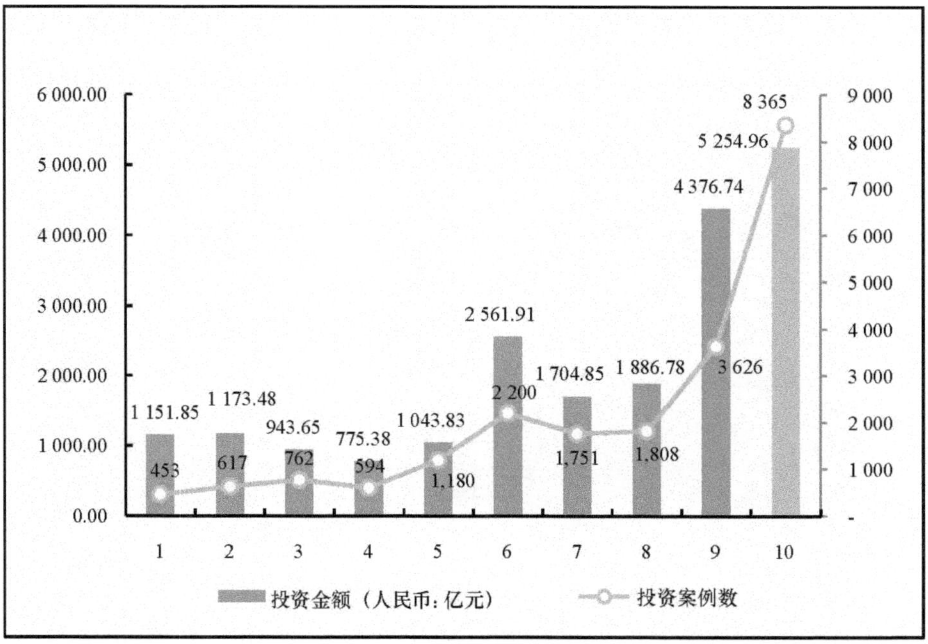

来源：私募通，2016.04.　　www.pedata.cn

图 1－3　2006—2015 年中国股权投资市场投资情况比较

2015年随着国内多层资本市场的日益丰富及完善、行业监管政策的逐步落定及成熟，中国私募股权投资市场发展可谓如火如荼。“十三五”规划待出，利好互联网、医疗等投资，“双创”经济繁荣发展，“四众”平台不断壮大，国企加速改革掀起并购热潮，众筹平台“名分”落实，保险资金设立私募基金开闸，各省市政府争相设立政府引导基金，众VC/PE机构纷纷抢滩挂牌新三板，这些都是2015年股权投资市场飞速发展的主要动因。

1.4 退出情况分析

2015年，中国股权投资市场共发生退出案例3 774笔，达到历史最高水平，较2014年激增354.7%。从退出方式上来看，2015年共发生1 926笔新三板退出，占比51.0%，为近三年新高。2015年新三板挂牌情况持续火爆，截至12月底累计挂牌企业达5 129家，总股本达2 959.51亿股，流通股本1 023.63亿股，总市值已达20 807.51亿元，2015年累计新增挂牌企业3 557家。受2015年7月A股IPO关闸影响，大批中型企业选择转战新三板，相比于上半年，2015年下半年新三板挂牌企业出现了大幅增长。具体情况见表1-4、图1-4和表1-5。

表1-4 2006—2015年中国股权投资市场退出情况比较

年 度	退出交易笔数	变化率
2006年	154	—
2007年	236	53.2%
2008年	159	-32.6%
2009年	203	27.7%
2010年	555	173.4%
2011年	606	9.2%
2012年	423	-30.2%
2013年	458	8.3%
2014年	830	81.2%
2015年	3 774	354.7%

来源：私募通，2016.04. www.pedata.cn

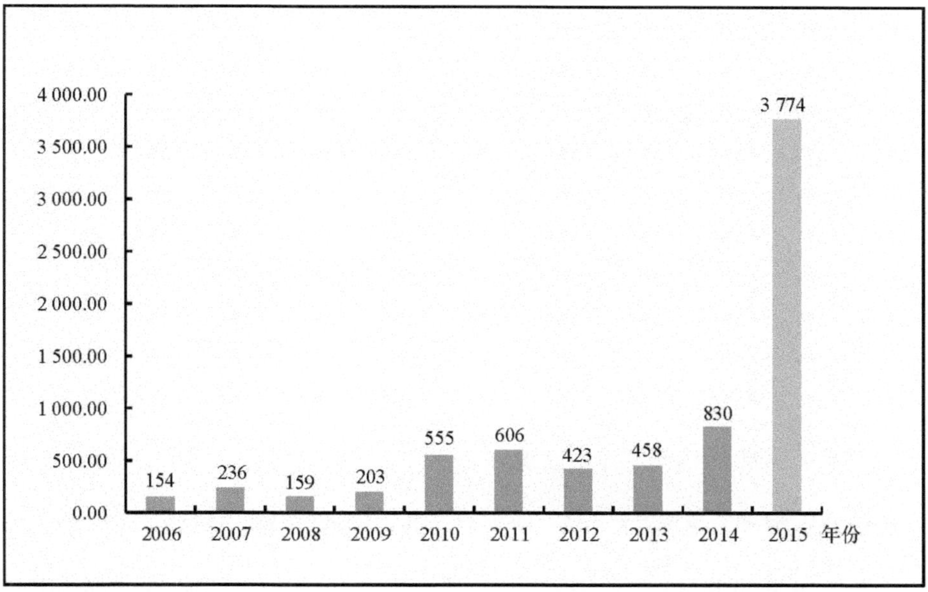

来源：私募通，2016.04.　　www.pedata.cn

图 1-4　2006—2015 年中国股权投资市场退出情况比较

表 1-5　2015 年中国股权投资市场退出方式分布

退出方式	退出交易笔数	比　例
新三板	1 926	51.0%
并购	562	14.9%
IPO	530	14.0%
股权转让	450	11.9%
管理层收购	79	2.1%
借壳	34	0.9%
清算	33	0.9%
回购	27	0.7%
其他	102	2.7%
未披露	31	0.8%
合计	3 774	100.00%

来源：私募通，2016.04.　　www.pedata.cn

2 2015年北京地区股权投资市场发展概况

根据《2016年北京市政府工作报告》(下文简写为《政府工作报告》),北京地区综合科技进步水平居全国首位,创新驱动发展格局初步形成。积极推动中关村国家自主创新示范区建设,落实"1+6""新四条"等一系列先行先试政策,出台加快全国科技创新中心建设的意见,发布实施"京校十条""京科九条",开展科技成果使用、处置、收益管理改革和股权激励试点。不断优化创新创业生态系统,加快建设人才管理改革试验区和科技金融创新中心,支持众创空间等孵化机构集聚发展,大众创业、万众创新日趋活跃。五年来,自主创新能力不断增强,涌现出一批国际领先的重大科技成果,催生了一批新技术、新产品、新模式、新业态。"十二五"期间,全市专利授权量、技术合同成交额、中关村示范区总收入都实现了翻番。

《政府工作报告》提到要打造大众创业、万众创新新引擎。落实大众创业、万众创新行动计划,支持众创、众包、众扶、众筹发展。鼓励发展投资促进、培训辅导、媒体延伸等创新型孵化器,打造特色鲜明的众创空间。落实加快建设国家科技金融创新中心的意见,构建科技金融一条龙服务体系。推动出台中关村互联网金融综合试点方案,开展股权众筹融资试点,加强互联网金融监管。深化中关村人才管理改革,完善人才评价机制,建立以能力、业绩和贡献为导向的人才评价体系,加快建设国际人才港。鼓励高等学校新设科技成果转化岗位,支持科技人员创业。加强知识产权保护,推进标准化建设,营造公平竞争的创新创业环境。

《政府工作报告》还提到要推动高端产业加快发展。支持金融业创新发展，加快发展现代保险服务业，促进“新三板”“四板”健康发展，规范完善要素市场。扩大信息服务业优势，加快云计算平台建设，积极发展大数据产业。聚焦研发服务、知识产权服务、检验检测认证服务等领域，拓展科技服务业市场空间。实施《中国制造 2025》北京行动纲要，用好高精尖产业发展基金，组织实施八个新兴产业专项，力争在新能源汽车、集成电路、机器人、3D 打印等重点领域取得突破。开展绿色制造技术改造行动，推动传统产业加快升级。深入实施“互联网 +”行动，围绕城市交通、公共安全、生态环境等 15 项重点领域，推进一批示范项目。贯彻落实军民深度融合发展战略，推动军民融合产业园建设发展。优化“高精尖”产业空间布局，研究制定工业用地二次开发利用一揽子政策，促进北京经济技术开发区等高端功能区内涵式发展。

2.1　2015 年北京地区股权投资市场规模概览

北京市是国内股权投资管理机构较多且投资较活跃的城市。

根据中国证券投资基金业协会统计，截至 2015 年年底，北京市股权投资管理机构数量增至 2 154 家，较 2014 年增加了 1 197 家，股权投资管理机构数量持续增长，增速较 2014 年有明显提升。2015 年年底，北京市股权投资机构注册资本共计 3 701.42 亿元人民币。广东股权投资机构数量最多，为 3 137 家，注册资本共计 2 909.23 亿元人民币。排在第二位的为上海市，股权投资机构数量 2 972 家，注册资本共计 4 217.83 亿元人民币；浙江省股权投资机构数量为 798 家，注册资本共计 1 243.02 亿元人民币；江苏省股权投资机构数量为 368 家，注册资本共计 1 219.20 亿元人民币。具体情况如表 2 – 1 所示。

表2－1　2015年广东、上海、北京、浙江、江苏股权投资管理机构情况比较

机构地域	管理机构数量	注册资本(亿元人民币)	实缴资本(亿元人民币)
广东	3 137	2 909.23	2 502.22
上海	2 972	4 217.83	743.64
北京	2 154	3 701.42	2 207.15
浙江	798	1 243.02	148.42
江苏	368	1 219.20	1 159.73

来源:私募通,2016.04.　　www.pedata.com

2.2　2015年北京地区股权投资基金募集情况

2.2.1　2015年北京地区股权市场活跃,募资总量出现微幅下滑

募资方面,2015年,北京地区股权投资市场新募基金644支,较2014年新募基金数量上涨200.9%,但募集金额较2014年有所下降。2015年北京地区股权投资市场募资总额为1 919.91亿人民币,同比下降8.0%。

表2－2　2010—2015年北京地区股权投资募资总量同比比较

年份	新募基金数	增长率	募资总额(亿元人民币)	增长率
2010	29	—	444.59	—
2011	221	662.1%	1 722.85	287.5%
2012	204	-7.7%	943.81	-45.2%
2013	170	-16.7%	475.45	-49.6%
2014	214	25.9%	2 086.84	338.7%
2015	644	200.9%	1 919.91	-8.0%

来源:私募通,2016.04.　　www.pedata.com

2.2.2　人民币基金募集占据主导地位

2015年,北京地区创业投资和股权投资管理机构共新募集完成基金644支,募集规模1 919.91亿元人民币。其中,人民币基金新募集607支,占比94.3%,募集规模为1 528.82亿元人民币,占比80.0%;外币基金新募集37支,募集规模共计391.08亿

元人民币。外币新募集基金数占募集总基金数的 5.7%，同比下降约4.2%，募集金额占募集总金额的 20.0%，同比增加约 4.1%。

2.3　2015 年北京地区投资情况分析

2.3.1　北京地区股权投资总额居全国首位

2015 年，北京地区共发生创业投资和私募股权投资 2 596 起，投资金额共计 1 464.97亿元，较 2014 年同比分别上升 198.05% 和下降 15.30%。其中，北京地区共发生天使投资案例 902 起，涉及投资金额 43.41 亿元人民币；创业投资（VC）案例 1 042起，涉及投资金额 430.93 亿元；股权投资（PE）案例 652 起，披露的投资金额高达 990.63 亿元。

从全国范围来看，2015 年北京地区投资案例数位居全国首位，占比 68.79%，较 2014 年的 45.44% 有所上升；投资金额占比为 27.88%，较 2014 年的 40.02% 有所下降。

表 2－3　北京地区投资总量的同比比较（2010—2015 年）

时　间	总案例数（起）	变化率	总投资金额（亿元人民币）	变化率
2010 年	259	—	248.30	—
2011 年	473	82.63%	690.06	177.92%
2012 年	360	－23.89%	311.39	－54.87%
2013 年	504	40.00%	611.06	96.24%
2014 年	871	72.82%	1 729.65	183.06%
2015 年	2 596	198.05%	1 464.97	－15.30%

来源：清科研究中心，2016.04.　　www.pedata.cn

2.3.2　互联网及移动互联网投资活跃

2015 年北京地区创投及股权投资主要集中于互联网与电信及增值业务行业。共发生 968 起互联网行业投资案例，涉及投资金额 375.01 亿元人民币。其中，天使投资案例403起，投资金额19.30亿元；VC投资案例396起，投资金额162.68亿元；PE投资案例169起，投资金额193.02亿元。其次是电信及增值业务行业，共发生439起投资案例，涉及金额326.59亿元人民币。居第三位的IT行业，发生342起投资案例，金额达80.62亿元人民币。具体情况见表2-4。

表2-4 2015年北京地区VC/PE投资情况

行 业	投资案例数(起)	投资金额(亿元人民币)
互联网	968	375.01
电信及增值业务	439	326.59
IT	342	80.62
金融	189	136.43
娱乐传媒	146	62.97
生物技术/医疗健康	122	96.73
机械制造	57	16.44
清洁技术	43	22.24
电子及光电设备	38	5.29
教育与培训	34	21.23
连锁及零售	32	57.31
汽车	23	15.78
物流	19	8.75
房地产	18	23.93
建筑/工程	15	29.54
能源及矿产	11	114.90
食品 & 饮料	10	8.37
化工原料及加工	9	6.04
纺织与服装	5	1.27
半导体	3	20.06
广播电视及数字电视	3	7.06
农/林/牧/渔	3	1.09
其他	26	22.29
未披露	41	5.02
合计	2 596	1 464.97

来源：清科研究中心，2016.04. www.pedata.cn

2.3.3　北京地区股权投资主要集中在战略性新兴产业、文化创意产业、都市现代农业等领域

据市场机构统计，截至 2015 年底，北京地区已在证监会完成登记的创业投资/股权投资管理机构约3 800家，管理资金约为 1.6 万亿元人民币。截至 2015 年底，北京市已在证监会完成登记的创业投资/股权投资管理机构为 3 032 家，管理资金总量约 1.5 万亿元人民币。募资方面，新募基金 777 支，其中已完成募集基金数 615 支，募集金额 2 235.64 亿人民币，居全国首位。投资方面，到 2015 年底，北京地区发生股权投资案例 2 596 起，投资金额 1 464.91 亿人民币，投资案例数和投资金额分别占全国的 31.0% 和 27.9%，居全国首位。北京市共有 49 家企业登陆资本市场，其中有 28 家为股权投资支持的企业，上市数量和股权投资通过首次公开募集(IPO)退出交易依然居全国首位。

截至目前，北京地区股权投资主要集中在战略性新兴产业、文化创意产业等领域，有力地推动了“十二五”规划的实施和产业结构调整。一是战略性新兴产业领域有1 305家企业获得股权投资基金支持，占北京市投资案例总数的 80.56%；投资金额954.65亿元人民币，占北京市股权投资总金额的 73.12%。从全国范围来看，北京地区战略性新兴产业股权投资案例数在全国占比为 35.05%，金额占比为 35.18%。二是北京地区有 61 家文化创意企业获得了股权投资基金的支持，投资总额 88.90 亿元人民币，投资案例数和金额分别占全国文化创意企业的 39.61% 和 61.32%。

2.3.4　本土机构在北京地区股权投资行业扮演主要角色

2015 年北京市创业投资和股权投资案例中有 1 872 起本土机构投资，披露投资总额为 568.37 亿元人民币，占 2014 年北京市投资总量比例分别为 72.1% 和 38.8%。其中，天使投资 775 起，投资金额 37.91 亿元；创业投资 575 起，投资金额 142.64 亿元；股权投资 477 起，投资金额 387.82 亿元。

其次是外资机构，共投资459起（其中天使投资7起，创业投资355起，股权投资97起），投资总额398.51亿元人民币（其中天使投资0.11亿元，创业投资232.50亿元，股权投资165.90亿元），占比分别为17.7%和27.2%。此外，有48起投资为中外机构联合投资以及262起未披露投资。

2.4 2015年北京地区股权投资机构退出情况分析

退出方面，2015年北京地区成功融资企业共创造了715笔[①]股权投资退出交易。在退出方式上，北京地区股权投资机构通过新三板退出323笔，并购退出135笔，股权转让109笔，IPO退出101笔，管理层收购17笔，借壳上市5笔，清算3笔，回购2笔，其余退出方式17笔，另外有3笔未披露。如图2－1所示。

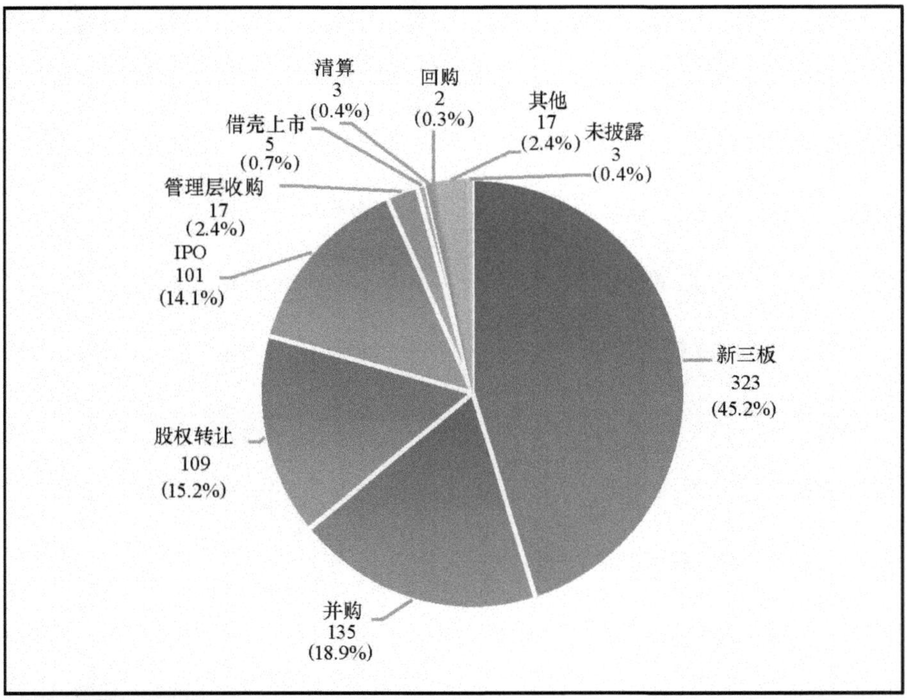

来源：私募通，2016.04. www.pedata.cn

图2－1 2015年北京地区股权投资机构退出方式分布

① 1笔退出交易指1支基金从一家被投企业退出，如N支基金从1家企业退出，则记为N笔。

2015 年，北京地区共有 49 家企业上市，其中包括 28 家 VC/PE 支持的企业，共涉及 VC/PE 退出案例 100 笔。28 家 VC/PE 支持的上市公司中，12 家于深圳创业板上市，5 家于上海证券交易所上市，3 家于深圳中小企业板上市，7 家于香港主板上市，1 家于纳斯达克证券交易所上市。其中，香港主板的筹资额最大，为 789.70 亿元人民币，占总筹资金额的 70.6%；其次是上海证券交易所，筹资额为 225.93 亿元，占比 20.2%；排在第三位的是深圳创业板，筹资额为 72.42 亿元，占比 6.5%。

2015 年 11 月证监会宣布 IPO 重启，同时完善新股发行制度，被认为已有注册制雏形。12 月 23 日，国务院总理李克强主持召开国务院常务会议，确定了下一步中国资本市场发展的几大任务和方向：在“完善股票、债券等多层次资本市场”方面，提出建立上海证券交易所战略新兴板，支持创新创业企业融资；完善相关法律规则，推动特殊股权结构类创业企业在境内上市；增加全国中小企业股份转让系统挂牌公司数量，研究推出向创业板转板试点；规范发展区域性股权市场。2015 年 12 月 27 日，第十二届全国人民代表大会常务委员会第十八次会议审议通过《关于授权国务院在实施股票发行注册制改革中调整适用有关规定的决定（草案）》的议案，确定注册制自 2016 年 3 月 1 日施行，期限为两年。12 月 31 日，证监会发布消息称此前为落实新股发行制度改革的一系列规章和意见征求工作已经结束，经修改完善于当日正式发布，并于 2016 年 1 月 1 日起施行。一系列政策的接连出台对于境内资本市场的转型和变革具有历史性的重要意义。北京地区 IPO 的具体情况如表 2－5 和表 2－6 所示。

表 2－5　北京市 IPO 总量的同比比较（2011—2015 年）

时　间	IPO 企业数（家）	VC/PE 支持 IPO 企业数（家）	IPO 退出案例数（笔）
2011 年	39	19	85
2012 年	28	18	48
2013 年	12	9	29

续表

时　间	IPO企业数(家)	VC/PE支持IPO企业数(家)	IPO退出案例数(笔)
2014年	43	36	124
2015年	49	28	100

来源:清科研究中心,2016.04. www.pedata.cn

表2-6　2015年北京地区企业IPO市场统计

市　场	融资额(亿元)	比　例	上市数量	比　例	平均融资额(亿元)
香港主板	789.70	70.6%	15	30.6%	52.65
上海证券交易所	225.93	20.2%	9	18.4%	25.10
深圳创业板	72.42	6.5%	17	34.7%	4.26
深圳中小企业板	18.87	1.7%	4	8.2%	4.72
纳斯达克证券交易所	5.00	0.4%	2	4.1%	2.50
纽约证券交易所	5.00	0.4%	1	2.0%	5.00
香港创业板	0.98	0.1%	1	2.0%	0.98
合　　计	1 117.89	100.0%	49	100.0%	22.81

来源:清科研究中心,2016.04. www.pedata.cn

第 三 部 分

第七届全球 PE 北京论坛精彩观点

绝不能由政府出台自己的改革方向

中国股权投资基金协会会长　邵秉仁

根据这一次会议的主旨我想讲两个问题，第一个是当前的经济形势和市场化改革的问题。

当前，中国经济的下降趋势已经充分显现。这个下降趋势不是经济的短期向下波动，而是将持续很长时间的一个经济发展阶段。从世界经济发展的历史经验看，这是进入中等收入阶段后必然要经历的经济发展阶段。2009 年，为应对国际金融危机，中央出台的 4 万亿经济刺激政策只产生了短期效应。从 2010 年，中国经济开始出现下降趋势，直到现在也没有扭转。所以，中国经济的下降是经济增长趋势发生的阶段性变化，从原来的高速经济增长阶段转向中高速经济增长阶段，也就是进入了经济增长的“新常态”。

中国经济依靠高投资支撑的高速增长已经维持了 30 多年。随着人口红利的消失、出口需求的减弱以及环境资源的约束，这种外延式增长方式已经不能继续维持了。投资和出口已经不能作为经济增长的引擎，总需求刺激政策产生的短期效应也越来越不明显。中国的 GDP① 增速在 2010 年的第三季度降到了 10% 以下，到今年的第三季度又降到了 6.9%，而且，这个下降趋势还会延续很长一段时间。

当经济进入中等收入阶段后，原来支撑经济增长的一些动力开始衰退，这就需要寻找新的增长动力。这个新的增长动力就是通过创新驱动技术进步，从而持续提高生产率，保持一定的经济增长速度。如果缺乏新的增长动力，不能从粗放型经济增长方式转向集约型经济增长方式，中国经济增长的下降趋势将不可避免。

---

① GDP 即国内生产总值或地区生产总值。

在这种情况下，中央提出调整经济结构，在适度扩大总需求的同时，着力加强供给侧结构性改革，转变经济增长方式。用创新拉动经济的思路是完全正确的，但是，创新、转变经济增长方式，还需要一个很长的过程。

因此，重新启动改革，已成为经济社会发展的最关键问题。改革不能停留在口号上，而是要落到实处，实实在在去推进，一心一意地紧抓不放，心无旁骛地去处理改革中遇到的各种矛盾，克服改革中遇到的重重阻力。为此，需要解决好三个问题：

第一，要坚持市场化改革方向不动摇，最大限度地调动市场活力。

市场经济改革不能逆转，应该坚持十四大以来的市场经济改革方向不动摇，特别是十八大和十八届三中全会提出的“让市场发挥决定性作用”原则，要落到实处，政府不要干预市场。政府的宏观调控是必要的，但是，应该多运用经济手段去调控，而不能用行政办法、以经济调控名义去搞干预。我们知道，干预市场必然会扭曲市场。

此外，改革的前提是解放思想、实事求是，必须调动亿万群众的积极性，改革必须给群众带来切实的好处。历史经验证明，什么时候群众的改革积极性被调动起来，群众的利益得到了保证，人们才会拥护改革，才会参与改革。要像20世纪80年代和90年代初期那样，让全民都积极投入改革大潮当中。

第二，要用反腐败推进改革。

如果说20世纪80年代改革的阻力主要是意识形态上的分歧，那么当前改革的阻力主要来自利益集团。因此，反腐败是清除改革障碍、端正党风和社会风气的必要手段。从已经揭露的触目惊心的案件来看，一批贪腐分子通过所控制的国家资源，向权贵们大量输送利益，从而换得个人升迁，长此下去必然掏空国家。这种现象绝不能容忍，必须加大力度反腐败。

十八大以来，反腐败的力度不断加大，赢得了民心，受到广大人民群众的积极响应和支持，也赢回了人民群众对党的信任，使人民群众看到了希望。这是一个非常好的开端。

但是,不能只停留在反腐败这样的一个阶段,而要通过反腐败扫清改革的阻力,打破利益集团对改革的阻挠,赢得改革的有利时机,从而推进改革。例如对国企特别是垄断性央企已经充分暴露出来的问题,就应该从体制上铲除腐败的原因,推进改革,创造更高效率的国有企业制度。

一句话,反腐败的效果要落实在推进改革和制度创新上。

第三,要处理好发展实体经济与大众创新的关系。

创新是必要的,但重点要放在实体经济上,而不是放在互联网上。互联网仅仅是一种工具,可以提高效率,应把实体经济放在首位,而把互联网作为工具,通过它提高效率。电商发展有其创新的一面,但也带来冲击实体商业和不讲诚信、假冒伪劣等问题,互联网金融也有冲破传统金融模式的积极作用,但是都不能脱离实体经济。实际上,当前一部分青年人,把创新的精力主要放在了互联网上,甚至幻想一夜暴富,这种现象值得我们高度重视。还有一种很现实的考量:实体经济对于解决就业问题更加重要!

靠虚拟经济,是不能创造社会财富的。股市健康发展必须遵循市场规律,健全监管体系和制度,而不能用行政办法去干预。政府救市是需要的,但主流新闻媒体鼓动入市就让人匪夷所思了。搞不好就会导致股市的大起大落,不仅不能调动群众参与经济发展的热情,反而会挫伤这种积极性。

当前,改革需要进一步形成社会共识,各方面形成改革共识是全面深化改革的前提。中央成立了改革领导小组,并且由总书记担任了领导小组组长,领导力不可谓不强。但是,如何把改革变成大众参与的改革,能够调动一批改革的骨干,按照中央的部署去落实、去推动改革,还有很多问题需要解决。

这主要涉及改革方案的制订、落实,改革成果的检验、督促等一系列问题,这就需要有一个独立部门，超越各个部门去推进改革，而不能由主管的政府部门，自己去出台改革方案。不言而喻，那些政府部门必然会千方百计地去维护自身的权力，尽管在被迫情况下会放开了一些，但不能只是放轻不放重、放小不放大。

所以，要成立专门部门去实施改革。应该在改革领导小组下设立改革委员会，将政治改革、经济改革、社会改革和生态改革四位一体，综合设计改革方案，并且要落到实处，全力以赴地坚持搞下去。

第二个问题我想谈一谈中国股权投资行业的发展和监管问题。

改革开放 30 多年，中国经济仍然是以间接融资为主的“债权经济”，而非“股权经济”。在“债权经济”下，经济上行和下行时都会产生放大效应，极易出现通胀和通缩现象。所以，要推动中国经济从“债权经济”向“股权经济”转变，发展资本市场，发展股权投资市场。

尽管 2015 年中国二级资本市场出现明显下滑，但是，中国股权投资行业并没有进入所预期的投资寒冬。在各项利好政策影响下，中国股权投资行业又延续了上一年度的活跃趋势，呈现出最为活跃的一年。2015 年前三个季度，中国股权投资基金募集数量和投资数量增长近 50% 。国内资本市场的变化促使人民币股权投资基金募集数量和募集金额都出现明显的增长。新三板市场成立拓宽了股权投资行业的退出渠道。2015 年前三季度，新三板市场挂牌企业数量已经超过 A 股市场，新三板退出数量已占到总退出数量的 50% 。依据股权投资基金的数量和金额，2015 年股权投资最为活跃的行业是互联网、电信、IT 和金融行业，最为活跃的地区是北京、上海和深圳地区。

当前，中央提出加强供给侧管理，继续推进市场化改革，增强供给因素，促进实体经济发展。中国股权投资行业的发展，一直遵循市场经济发展规律，具有市场灵活性和高效性，对提高直接融资比重和支持实体经济发展具有重要作用。

未来,针对股权投资行业的发展特征,需要为中国股权投资行业建立完备的法律制度和合理的监管机制。套用《证券投资基金法》既不符合股权投资行业的发展特征,也不利于股权投资行业的健康快速发展。证券投资基金是投资于公开交易的证券,对证券交易市场具有明显的外部效应;而股权投资基金是直接投资于非公开交易的股权,是一种高度自我约束的投资形式。因为证券投资基金和股权投资基金的投资对象不同,决定了它们在基金募集方式、投资理念、投资运作方式、基金治理结构、业绩激励机制和风险约束机制上也完全不同。因为这两类基金产生社会风险的方式不同,政府的监管理念和手段也完全不同,所以,对证券投资基金和股权投资基金应该"分开立法、分开监管"。

对于中国股权投资行业的监管问题,监管部门应该为中国股权投资行业创造宽松的投资环境和发展机遇,而不是将证券投资基金行业采用的备案登记制度套用到股权投资基金行业。对股权投资行业的管理应该是一个渐进的过程,应该鼓励行业先发展、先繁荣然后再监管。对股权投资行业的过早、过严监管,不仅会影响股权投资行业的发展,也可能会影响到中国经济改革和创新的发展进程。

当前,中国股权投资行业正进入快速发展时期。监管部门没有必要对股权投资行业设定市场准入制度,不应该用严厉的监管去压制股权投资行业的发展活力。这不利于股权投资行业的发展,不利于支持中小企业等实体经济的发展,也不能真正防范股权投资行业中的风险问题,反而为监管部门寻租腐败创造了条件。

中国股权投资基金协会自2010年成立以来,受国家行业主管部门的工作指导和业务支持,服务于在全国注册的各类基金及管理、中介机构,致力于建设行业自律监管机制,维护会员的合法权益,提高会员从业素质,加强会员与境内外股权投资基金界的合作与交流,促进我国股权投资基金行业的健康发展。

目前,协会共有会员机构近400家。其中,基金管理公司占85%,中介服务机构占15%。协会下设特定行业的专业委员会，为行业投资机构与政府主管部门、科研机构、龙头企业、业界同行之间构建交流合作的桥梁与纽带，促进各行业持续健康快速发展。

协会已经成功举办了六届“全球PE北京论坛”，为与会嘉宾搭建起一个相聚、沟通、积极而富于成效的对话平台，促进全球PE事业的发展。同时，协会通过举办“月度培训”“PE管理系列培训”“PE退出系列培训”“投投是道”等系列活动，对境内外股权发展形势开展多样性的交流、研讨和经验分享。

协会自2010年以来，先后出版了《中国股权投资基金行业指导原则》《中国PE与VC专刊》《北京股权投资行业报告》《首都PE十大回顾》《首都PE指数发布》等行业研究成果。

协会已经与全球20多个国家和地区的同行业协会建立了广泛的联系，通过签署战略合作协议、拜访、会议等形式，加深合作交流。目前，协会与国际大型股权投资中介服务机构，通过会议、数据分享等保持着良好的合作。协会作为创始会员，参与发起“全球PE联盟”和“亚太股权投资基金协会”。

我衷心祝愿通过本次论坛，推动各国间行业协会信息、经验、最佳实践的分享和交流，推动行业标准和监管制度的建设，促进全球股权投资行业的健康发展。

私募股权行业将步入发展黄金时期

北京金融工作局党组成员、副局长　栗志纲

尊敬的各位领导，女士们先生们，大家上午好！

作为主办方之一，我代表北京市金融工作局，非常欢迎大家能够参加今天的PE论坛。同时，也非常感谢在座各位长期以来对北京金融工作的支持，为首都经济社会发展做出的突出贡献。

作为股权投资行业一年一度的盛会，全球 PE 北京论坛从 2008 年开始已成功举办了六届。回想 2008 年的第一届论坛，中国活跃的私募股权机构只有 1 000 家左右，而到今年的第七届论坛时，市场活跃的私募股权机构达到近万家，管理的资本量已经超过了 4 万亿人民币，中国私募股权市场规模在 8 年间实现了质的飞跃。全球 PE 北京论坛作为国内外最具影响的论坛之一，亲历并见证了行业 8 年来从方兴未艾到成熟发展的过程。本届论坛的主题是"创新、改革与实体经济"，希望我们聚在这里，围绕主题，在经济新常态的背景下共同探讨行业发展的新趋势，展望行业发展的新机遇，为国家经济社会发展做出新的贡献。

2015 年是"十二五规划"的收官之年，虽然国内经济下行压力仍然比较大，让我们感受到了一丝寒意，但是创新创业的热潮和持续不断的利好政策还是为私募股权行业的发展带来了暖暖的春风。3 月 11 日国务院办公厅发布了《关于发展众创空间推进大众创新创业的指导意见》，部署推进大众创业、万众创新工作，明确提出要发挥财税政策作用支持天使投资、创业投资发展，推动大众创业创新。6 月 11 日，国务院发布了《关于大力推进大众创业万众创新若干政策措施的意见》，明确要优化财税政策，强化创业扶持，建立和完善创业投资引导机制，支持创业企业起步成长。9 月 10 日，李克强总理出席夏季达沃斯论坛，强调要通过持续推进简政放权、建立创投引导基金等方式，使创业创新过程更加顺畅，经济发展道路更加平稳。国家非常重视私募股权基金，尤其是创业投资和天使投资，党中央国务院把创新创业发展确定为国家战略，规格高，内容细，措施实，力度大，这必然对私募股权行业全链条产生巨大的影响。

同时，中国金融业持续改革创新，IPO 再次开闸，新三板蓬勃发展，四板市场构建完善，注册制度改革稳步推进等，都为行业发展注入了新的活力。私募股权行业将迈入发展的黄金时期。相信广大的私募股权机构和投资家们可以抓住时代的脉搏，勤勉工作，创造价值，分享成果。

借此机会，我也希望把北京市金融产业发展的情况跟大家做一个分享。在中央各部门的大力支持下，在市委市政府的正确领导下，北京市金融业实现了快速发展。前三季度全市金融业实现增加值近 3 000 亿元，居全国领先地位，占地区生产总值的 18%，对全市 GDP 的贡献率达到了 43.9%，实现地方公共财政预算收入 754.8 亿元，同比增长 39.5%，占全市财政收入的比重达到了 20.4%，居各行业之首。金融业依然是带动本市经济和财政收入的支柱产业。

在私募股权方面，北京市不断加大工作力度，通过制定并落实国务院相关政策，搭建投融资对接平台，服务机构落户，加快推动四板市场建设等工作，不断优化发展环境，私募股权行业发展呈现出良好的势头。北京市作为全国股权投资中心的地位进一步巩固，据市场机构统计，截至 2015 年第三季度末，本市在证监会完成登记的私募股权管理机构 3 032 家，管理资金总量 1.5 万亿元人民币。前三季度，北京地区发生股权投资案例 1 620 起，投资金额 1 304.77 亿元，投资案例数和投资金额超过了全国的三成，均居全国首位。与此同时，私募股权投资在我市经济结构优化升级方面发挥了积极的促进作用，前三季度投资领域集中在战略新兴产业，充分落实了国家创新驱动的发展战略。

另一方面，在行业繁荣发展的同时，我们也要看到，有一些机构以私募股权基金的名义从事非法集资活动，问题日益严重，已经造成了极大的社会影响。2015 年 1—8 月，全市私募股权基金类的非法集资新增案件 30 件，占全市新发案件数量的 27.3%，涉案金额达到了 22.8 亿元人民币，集资人 1 685 余人，涉案金额占比 56.9%。截至 8 月底，全市私募股权投资基金非法集资案例累计 47 件，涉及金额 46.6 亿元，集资人6 770余人。私募股权类案件具有迷惑性大、潜伏期长、地域传播广、涉案金额大等特点，为行业健康发展带来了隐患，也对合法经营的机构带来了不良影响。

为进一步引导、促进本市私募股权投资行业健康发展，防范区域性金融风险，维护本市社会稳定，我们与北京证监局、北京市工商局一同起草发布了《关于防范私募股权投资类企业从事非法集资活动的意见》，并在今年的 4 月—8 月，组成联合工作组，在全市范围内开展打击私募股权投资类企业从事非法集资的活动，取得了积极的成效。

私募股权行业要想基业长青，必须把合规与风控作为生命线，要遵守职业道德，恪守行业底线，坚守私募原则，严格投资者适当性的管理，我们也将持续地关注并监测行业的动态，及时发现并预警行业的风险，促进私募股权行业的持续健康发展。

当前，北京市正在深化首都核心功能定位，转型发展进入关键阶段。我们将认真贯彻落实中央精神，配合国家相关部门大力推进金融体制改革，利用北京建设国家科技创新中心的契机，抓住“大众创业、万众创新”的浪潮，加强政策集成、创新服务模式，优化和完善现有的创业服务机构的服务业态和运营机制，积极为在京金融机构和股权投资企业做好服务，努力营造行业发展的优良环境。

在这里我也希望和恳请各位领导、各位嘉宾在今天的论坛上进行深入的探讨，汇集智慧为我国 PE 市场的发展建言献策，为首都私募股权行业发展的工作出谋划策，希望在今后的工作中诸位能够一如既往地关心、支持和参与首都金融业的发展。

最后，再次预祝第七届全球 PE 北京论坛圆满成功，祝各位领导、嘉宾身体健康、万事顺利，谢谢大家！

股权投资有显著宏观经济效益和微观经济价值

北京海淀区委常委、副区长　孟景伟

尊敬的各位领导、各位来宾，大家上午好！

非常高兴能够参加第七届全球 PE 北京论坛，这也是论坛第四次在海淀区举办。作为会议的主办方之一，我首先代表海淀区人民政府对各位嘉宾的到来表示热烈的欢迎，同时也向一直以来关心、支持海淀区经济社会发展的各位领导、金融机构特别是股权投资行业的朋友表示衷心的感谢！

今年5月7日，李克强总理调研了中关村创业大街，对中关村的发展成绩给予了充分的肯定。他指出，要积极创造条件，推动各类创新要素融合互动，促进众创空间的蓬勃发展。6月，国务院出台了《关于大力推进大众创业万众创新的政策措施》，提出要不断完善体制机制，健全各类普惠性的政策，加强统筹协调，构建有利于双创蓬勃发展的政策环境和制度环境、公共服务体系。10月19日，李克强总理再次来到中关村参加了“首届全国双创周”的启动仪式。他强调“双创”有着无限的发展空间，要用“双创”结构性的改革去激发全社会的创造力，打造中国经济社会发展的新引擎。8月13日，市委书记郭金龙在调研中关村时表示，中关村要充分发挥国家自主创新示范区的引领示范作用，深入实施创新驱动发展战略，聚集更多国内外的高端要素资源，为提升城市创新能力和辐射力，推动首都经济社会发展汇集新动能。国家及北京市对海淀区的重视和支持，为海淀区的未来发展提供了良好的契机，也提出了更高的要求，同时也指明了创新发展的方向。

当前，科技创新转化和产业化的速度不断地加快，原始科技创新、关键技术创新和系统集成创新的作用日益突出。在国际科技竞争与前沿创始阶段，原始创新能力以及关键技术创新能力已经成为国家间科技竞争的核心，成为决定国际产业分工、地位和全球经济格局的一个技术条件，而私募股权投资行业是加快资本与科技产业对接的首选，具有显著的宏观经济效益和微观经济价值。随着我国经济发展进入新常态，资本市场改革的大幕已经打开，私募股权行业必将迎来发展的新一轮热潮，共同把大众创业、万众创新的开展推向新的高度。海淀区在创新创业方面一马当先，展示了强劲的引领和示范作用。围绕建设具有全球影响力的科技创新中心，海淀区深化改革，搭建平台，强化服务，着力构建完善创新创业的生态环境，结合一城三街的建设，加快要素聚集。目前海淀区聚集了一批创新创业的人才，产生转化了一批国际领先的成果，做强做大了一批具有全球影响力的创新企业，也培育了一批国际的知名品牌。

通过构建海外早期办公与投资对接的商业模式、加强创新创业投资交流，开展媒体咨询、创业培训等全链条的产业培训，已经推出中关村创业大街，目标是成为全国乃至全球创新创业的新地标。大家知道创新创业源于科技创新，但是成于金融支持。科技创新的建设离不开金融的添砖加瓦。近年来，海淀区紧抓科技创新的良好契机，大力推动核心区的科技金融创新发展，金融支持实体经济效果明显，特别是在股权投资等领域初步形成了区域的聚集效应。海淀区作为全国创新资本中心的地位也进一步显现。目前，海淀区的股权投资机构累计达到 987 家，管理的社会资本量累计超过 3 300 亿元，区域内企业今年获投案例已经超过 120 起，披露的投资金额 370 亿元。海淀区通过设立股权投资基金、创投引导基金和科技成果转化引导基金等多种类型的基金，形成了具有海淀特色的基金生态体系，直接或间接投资于区域内的中小微科技企业，挖掘和促进重大科技成果在海淀落地、转化以及产业化，加速实体企业成长。

截至目前，海淀区的股权投资基金总额达到了 5.3 个亿，在已经实现退出的企业当中，若干企业还分别通过新三板成功地定向增资。政府出资 6 个亿设立了创业投资引导基金，但是引导社会资本超过了 73 亿，达到了 1∶10 的放大效果。共合作设立基金 16 支，母基金 1 支，吸引了一批投资机构，充分发挥了社会基金机构的市场化优势和资本的聚集效应。科技成果的转化引导基金通过鼓励高校科研院所创新科技成果转化和技术转移方式的创新，有限筛选高精尖的科技成果项目，挖掘新的增长点。目前，科技成果转化基金设立了 16 支，政府出资了 13.6 亿，基金总规模也超过了 60 亿。科技成果转化基金的风险性更大，政府的出资比例更高，吸引社会资本更多地去围绕重大技术进行成果转化产业化。

当前，为紧抓全球的并购浪潮，巩固股权投资行业的发展优势，海淀区近日再推新举，印发《关于建设中关村并购中心的实施意见》，从拓展空间载体、完善政策体系、搭建综合服务平台等方面着力打造并购发展的生态环境，吸引境内外知名的并购机构集聚，通过打造一个中关村并购资本中心，开拓境内、境外两个市场，提供项目、政策以及人才三种服务，提出力争构建三个“千”的并购资本体系：力争吸引千亿元的社会资本聚集，实现境内外千个优质并购项目，激发数千亿规模的产出效能。

除此之外，海淀区设立政府的并购引导基金，以上市公司加PE等模式支持领军企业通过并购重组做大做强。近期，海淀区将召开专门的政策发布会，对外正式发布实施意见。同时，为进一步创新海淀区政策性基金的运作模式，增强国际化能力，吸引世界顶尖技术人才和创业项目，保持区域内企业的持续创新能力，海淀区还携手社会化资本合作发起设立海外创新母基金。通过与国外一线基金对接，打通投资机构与企业之间的沟通障碍，全面覆盖重点产业及其他新兴产业领域，进一步完善创新创业生态系统，为将海淀区建设成为全球创新中心奠定坚实的基础。

各位领导、朋友们，海淀区对金融的这些谋划布局是不可能一蹴而就的，需要行业监管部门和上级部门支持和指导，也需要各位专家学者进一步探索研究，更需要科技金融领域企业积极投入和参与。借此机会我真诚希望更多的企业、投资机构加入海淀区科技和金融创新发展事业中来，共同建设具有全球影响力的科技创新中心和国家的科技创新中心。最后预祝本次论坛圆满成功，谢谢大家！

发展战略新兴产业必须依靠私募股权投资

全国社会保障基金理事会副理事长　王忠民

今天会议的主题是创新、改革、实体经济，把这三个关键词放在一起，今天我想提出这样一个论点：私募股权投资不仅作为金融工具服务于实体经济，创造实体经济，而且其所创造出的实体经济是以创新的方法、改革的路径，创造新的、有生命力的、有未来的实体经济。

可以从下面一些逻辑来看，刚才方风雷也提到一个词，叫作战略新兴产业。如果我们把这个词语从历史的视角看，从农牧时期到农业时期到今天的互联网时期，所有的战略新兴产业都是在私募股权投资的摸索、创新、纠错中最后成长起来的。今天如果中国要在战略新兴行业当中有突出的表现、突出的成就，真正地按照市场化的逻辑把握住任何一个战略新兴产业的脉搏和成就的话，必须依靠私募股权投资，因为私募股权投资最初从风险投资开始，从天使投资开始，在每一个环节都在不断地用市场化交易手段、新的交易结构、新的投资方式配合着战略新兴产业的成长和发展。

作为这次会议主办方之一，海淀中关村在整个北京地区很值得骄傲的地方是大众创业、万众创新这项事业搞得好，总理亲自到中关村几次视察，足见重视程度。我们回头来看，大众创业、万众创新背后必须有大众投资支撑，而大众怎么去投资呢？不是每一个人都有投资能力，必须通过私募股权的形式去投资，而大众投资正好和大众创业相互匹配、共同成长。我们比较发现，所有美国近 50 年来的创富者也好，新兴产业的成功者也好，背后都有若干投资人和一个创业人一系列交易的支持。再看今天中国的市场，我们说那些所谓的土豪投资方式已经有点过时了，因为土豪是拿自己的钱在创业，自己在摸索，失败不起。我们到中关村一看，大部分都是一个创业者，一批投资人围绕他去做，中关村无非是给创业者和投资人营造了一个好的制度范围和环境。创业者和投资人突破了过去简单的自有投资模式，大众创业、万众创新必然如此，而且目前看，新兴产业中很多上市公司，其股东里面基金占的份额很大。当然还有的直接把基金管理公司挂到三板去上市了，从这样的逻辑上看，私募股权基金本身就创造了实体的经济。

今天我们面临的宏观经济金融环境是，全球的货币政策宽松，导致货币很多，可投资的工具太少，可投资的市场当中无风险产品的收益率已经降到了较低的水平，固定收益产品利率持续降低。特别是当固定收益产品的收益率已经难以有效地长期战胜 CPI 的时候，当固定收益产品的利率水平长期处于下降曲线的时候，投资什么样的东西？今天一看，投资者应该进行权益类的投资，而权益类的投资很多都应该从权益类的私募股权去做。我们今天说不要在间接融资当中大做文章，而是要在直接融资当中去做文章。不要在直接融资其中一个链条去做文章，而要把直接融资扩大到整个链条的各个环节相互转换、相互交易。我们会发现从天使开始，到 VC 端、到 PE 端、到并购端，到最后二级市场上可以按照市值做相关投资的时候，这是一个极其丰富的直接融资市场，而且是链条极长和交易极复杂的一个过程。从这个角度说，整个直接融资市场可以创造新的实体经济。

再引入目前社会都在聚焦的概念：PPP。当下每一个投资实体都在把握 PPP 的脉搏，我们的政府投资机构，大型的市场投资机构，都在把握 PPP 的脉搏。那 PPP 的核心是什么？前两个 P 无非说明社会资本的属性和来源，真正的核心是第三个 P，是合伙思想、合伙制度、合伙构架。今天从工商的角度和投资的角度看，已经有了相关的合伙法律和合伙的交易结构。这当中最能表现合伙性质的恰好是私募股权投资，有投资者做 LP，有投资者做 GP，GP 当中的人一定是要担当无限责任的人才可以把其他的 LP 的资金放在一起做投资架构。那在 PPP 里面如果看到合伙的性质是可以无限责任担当的时候，我们就知道 PPP 真正的创意者和真正的实施者，和真正有效带动所有的 Partner 走向明天成功的核心是谁，是担当无限责任的那个 GP，因为他要把自己的身家和自己的资产、自己的智慧、能力乃至职业生命投在当中去担当无限责任，只有他尽力尽责把无限责任发挥到最大限度的时候，才可以让全社会所有的其他资本愿意在不同的交易结构当中进入这个 PPP 的结构当中去。

我们再看最近还在流行的一个词，供给端改革。什么是供给端？是要改革供给领域当中不符合未来经济结构的结构变化趋势，是把传统产业、周期性产业当中该退出的让他退出，而新兴的产业可以注入其中迅速成长，成为其中主要代表的产业。那么由谁去改变原有的供给端的结构，谁去改变原有供给端的产业的趋向和结构调整？唯有私募股权基金才能够担当此责任，唯有它们才可以不断探索经济体中哪儿的结构还不合理，可以通过改变这种结构获得利益，获得成长。如果从这个逻辑看的话，私募股权投资就不仅创造了实体经济，而且还促进了实体经济结构的改变，向优质结构的方向发展。

最后一个词：去杠杆。如果拿债权杠杆率来看，中国经济今天已经达到了 250% 多，我们债权杠杆率走到了比较危险的程度。不管是去杠杆化还是做什么，目前我们已然面临债权杠杆较大的危险。如果把杠杆放到股权角度来看，我们发现私募股权把股权杠杆放大到很大的限度，你不仅可以在一家 LP 当中，可以和 PPP 一样融合其他 LP，你还可以通过 GP 不到 2% 的投资撬动 98% 以上的资金进行投资，尽管你的 2% 担当了无限的责任，那 98% 担当的是有限的责任，这种杠杆化已经发挥到极大限度。且不说你做了这个基金，拿这个基金再投了一个公司，这个公司还可以再做基金，你还可以把这个逻辑一步步延伸上去。股权杠杆的逻辑在股权市场当中风起云涌，发挥最大的作用，债权杠杆的时代一去不复返，而股权时代的杠杆正在到来。

从目前国外大型投资机构的投资范围和比例看，我们发现传统资产类占到了较小的比重，所有另类投资加总在其中占到较大的比重，而在所有另类投资当中，私募股权基金这个投资方式在其中已经占到了 20% 左右。如果看到这样一种历史趋势，私募股权基金不仅是金融服务，更是创造实体经济，不仅创造新的实体经济，而且创造改革方向。那么预示着明天的实体经济，不仅标示着我们过去投资的选择，而且标示着今天大型资本投资的比例在不停地提升，那正好是今天社会的需要。恭喜你们，我们大家都在做这件事情，你在创造新的有改革的有未来的实体经济，社保基金也在向这个方向努力。谢谢大家!

私募企业不光是在投资 GDP 数字

欧洲股权投资基金协会首席执行官 Dorte Hoppner

非常感谢邀请我来这里为各位演讲,特别要感谢第七届全球 PE 论坛组委会以及协会的邀请。我是来自欧洲股权投资基金协会的 Dorte Hoppner。我们协会的服务对象包括欧洲的 LP、GP、基础设施基金领域的投资者以及其他与欧洲股权投资基金行业相关的机构。今天非常荣幸和各位分享我的主旨演讲,因为我可以看到在中国,私募股权投资行业扮演了非常重要的角色,它不仅仅为我们带来了投资人和高回报,也使企业茁壮成长。欧洲的私募股权投资行业此前也经历过这样一个过程,享受到了 PE 带来的好处,对欧洲经济带来的益处。所以我们希望通过这样的交流,通过与中国股权投资基金协会的合作,加强中欧之间在这方面更多的信息分享。

首先,我想花一点时间简单地介绍一下欧洲的私募股权投资基金市场,以及它所扮演的角色。首先给大家介绍一下欧洲的现状。欧洲经济现在正在缓慢地复苏,经济复苏的态势已经出现了更强劲的动力。欧盟是世界上比较大的、也是最主要的经济区之一,拥有单一的货币。大家可能从新闻上看到了关于希腊所面临的债务危机,不过媒体一般来说都只喜欢报道坏消息,不太喜欢报道好消息。不过我们可喜地看到,希腊与欧洲其他伙伴国家以及国际货币基金已经达成了相关协议,来帮助希腊走回经济发展的正路。欧洲央行行长德拉吉也承诺要竭尽所能加强欧洲经济的发展。德拉吉行长表示欧盟有足够的“火力以及弹药库”来扭转欧洲经济发展的颓势,他的讲话刺激了欧盟区经济的信心。

欧盟的经济数字开始向好而且一直保持平稳上升趋势，预计今年欧元区的经济增长可以达到1.6%，2016年预期增长1.8%，2019年预期增长1.9%。欧盟区比欧元区要更大一些，一共有28个成员国，预计在今年欧盟区的GDP实际增长可以达到2%，到2017年达到2.1%的增长。当然，这些数字与中国GDP的增速相比相形见绌，但是这些数字对于欧洲来说仍然是非常可喜可贺的增长。虽然欧盟仍然是一个增长型的经济，但也是一个价值型的经济体，这个价值来自欧洲市场当中非常多的私募股权基金的投资。因为在欧洲有非常多的创新企业，他们仍然需要通过融资把创新的产品推向世界。当然在这个过程当中会有一些障碍，这些障碍可能来自全球的宏观经济，比如今年信息市场的经济放缓，比在春季所预期的经济放缓要更多一些。尤其是中国这样的信息市场大国，经济放缓所带来的涟漪效应更加明显，而且对世界各地新兴国家、新兴经济体的增长都有所影响。

大家对于中国的经济走向非常关注。因为中国在新兴经济体中扮演着举足轻重的角色。根据美联储的预期，这种新兴经济体经济下滑的现象到明年可能有所缓解。那还有一些什么因素影响它的增长呢？各个国家以及它们的央行都已经认识到，有一些增长的根本性驱动因素必须要调动起来，其中包括经济体当中需要的一些改革。很多国家都认为这个是重中之重，其中包括对劳动市场和劳工市场的改革。比如说德国10年以前就开始进行劳动市场的改革，这也就是为什么德国能够在金融危机来临的时候比其他国家更容易应对。另外，还有很多国家开始关注服务行业的开放，因为这可以刺激产品以及服务市场的竞争力，而且可以提振国家总体经济。

此外，创新也非常重要，还有就是欧洲所面临的难民问题，尤其是来自叙利亚的难民潮问题。最近大家一定关注到叙利亚被恐怖分子所占领，以至于叙利亚人民不得不流离失所，因此难民效应对于欧洲的经济体来说可能是负面的，但也可能是正面的。因为在欧洲我们面临了中国同样所面临的问题，就是老龄化；随着越来越多人进入老年,我们也看到了更多和老年相关的消费机遇。一方面它能成为经济向好的一个因素,但是如果没有足够的年轻人来加入工作,也许就会拖累经济。所以说难民潮事实上很好地补充了我们所需要的欠缺的劳工工种,有很多叙利亚难民拥有很高的工作技能,而且受过很好的教育,经过训练就可以对我们劳工市场做很好的补充。所以对我们来说,这些难民的问题对欧洲不是一个挑战,更多是一个机会,对就业市场的补充。

现在我们来看一下GDP的增长。这里面最大的一个占比来自私人消费,私人消费必须要有低通胀来支持,所以低通胀对于家庭以及企业的消费来说是非常重要的。投资占比也很高,政府开支起一定的作用,但是作用并不是特别的大。我认为欧洲通货膨胀水平比较低,主要是我们有很低的能源价格,这个因素对我们经济前景有利。尽管我们的投资现在恢复得还比较虚弱,但是准备要加强;包括设备在内的总投资在欧元区还在不断地上升,总体经济是一个向上的趋势。欧洲目前唯一一个经济负增长的国家就是希腊,但是通过不断调整结构它仍然在恢复。除此之外,欧洲其他地区的经济都进行得不错,有很多很多的领域实际上有很好的经济前景。

当然,增长的前景总有一些风险,有一些因素会变好,有一些变坏。从整个地缘政治方面的紧张局势来说,我们看到中东、美国、俄罗斯都加入进来,一旦出现问题肯定对全球的经济产生影响,这种影响会波及我们所有人。同时我们必须要解决这个问题,如果问题得到解决前景就会好;当然,还有我刚才讲到的全球新兴市场,如果它强有力地复苏,对整个欧洲的前景也会产生正面的影响。

接下来我想简单讲一讲欧洲的私募股权投资行业,从机构投资者角度来看PE。欧洲很多的保险公司、养老基金,还有一些欧洲的家族基金,这些基金为什么要投资银行?因为我们发现的事实是,受全球的利率影响,美国、英国、日本、加拿大以及欧盟的政府都通过降低利率来促进整个国家或地区的经济增长,投入几十亿美元。像欧洲央行投入市场大量资金，帮助经济复苏。但是我们也要注意到，这么低的利率则回报收益也很低。如果你投资政府项目，基本上是 0% 的利率，没有产生任何回报收益，但作为投资机构，你必须要产生回报，你要满足保险用户的需求，所以现在欧洲越来越多的 LP 转向我们的私募基金。欧洲的 PE 资产负债表显示，3 年期间或者是 5 年期间，甚至是 10 年期间，其投资回报比其他资产类别的绩效要更好，所以说私募股权基金产生了更高的收益。

因此，欧洲的机构投资者特别喜欢私募股权基金，欧洲 53% 的有限合伙人和机构投资者都想增加他们的配置，更多地放到私募股权基金里面，39% 的全球 LP 愿意在未来几年增加资产类别，增加对私募股权投资的配置。房地产也有吸引力，但是比不上 PE，对冲基金的资产配置只有 14%，相比而言低了很多。他们更加重视私募股权对机构投资者产生的收益。从全球角度来看，欧洲股权基金的投资者中有 30% 来自北美，12% 来自澳大利亚，55% 是欧洲本土机构投资者。欧洲的 PE 作为一个资产类别又是如何吸引外国的投资者的呢？私募股权基金不仅对投资者重要，对欧洲整体经济发展同样很重要。从数据上分析我们可以看到，预计 2017 年，欧洲的私募股权基金投资总额将达到 3 460 亿欧元，83% 的私募股权都将投资于欧洲的中小企业，每一年在欧洲将有 5 600 个公司得到新的私募股权投资。

我们再从劳动生产率的角度分析，一旦私募股权给予了投资，这些企业的劳动增长率就从 4.5% 增加到 8.5%，私募股权不仅仅是把资本带给这些企业。因为任何银行都可以为企业带去资本，任何机构也可以投资某一个公司，但是私募股权投资一方面投资，另一方面还为企业提供专业知识，管理人员想让这个公司成长，帮助他们建立网络，帮助它在其他市场发展业务。我想说私募股权投资是一个聪明的资本，所以我认为私募股权投资的企业有能力创造价值，这个能力超过其他任何类型的机构。在欧洲我们有这样的一些案例，政府投资一些公司，很注重对这家公司的资金注入，但这个公司有时候并不能表现得特别好,因为有时候光给资金并不够,你还必须要增强公司人员的专业技能和专业知识。因此,从我们统计的另外一个数字可以看出,被私募股权基金投资的创新企业,在很大程度上会进一步推动被投企业的创新能力。也是鉴于此,欧盟委员会非常支持私募股权投资行业,该委员会刚刚拿出一个新的行动计划,将在欧洲创造两个新的资本市场联盟。我听到刚才的发言也提到了要加强资本市场,这与欧洲目前的想法不谋而合。因为我们相信,尽管银行很重要,但是银行有其局限性,比如说当出现金融危机,需要为公司提供不同的资金来源,因此资本市场联盟现在成为欧洲很重要的议事日程,所以说私募股权基金就成为当中非常重要的组成部分。

当然,我们要记住,私募股权投资机构不光是投资于 GDP 数字,并不是投资于一个国家,它投资于微观经济。欧洲很多品牌公司都是由私募股权基金培养起来的。

从融资的角度,我们对 2015 年做了一个预测,预计到今年年底,在欧洲大陆将有超过 500 亿欧元的融资。这个数字是自 2013 年以来非常强劲的增长。原因我刚才已经讲过了,欧洲最大的投资人团体是养老基金,不光是欧洲的养老基金,还有来自加拿大和美国的养老基金,投资者们有长期的视角,有很强的耐心,他们把私募股权投资看成一个长期的资产类别,能够给他们带来很好的收益。每一个政府实际上都非常喜欢风投基金,因为风投基金能够推动创新,所以,还有很多政府在世界各地直接投资于风投基金,让他们变得越来越大,越来越强,来推动各国的创新生态系统。欧洲的投资者在过去几年里非常稳定,尽管出现了各种各样的危机,但是每年都有达到 400 亿欧元的投资额。如果我们考察私募股权投资和各国 GDP 的比例,就会发现,美国的私募股权投资在美国起到了非常大的作用,这个作用比欧洲还大,美国 0.85% 的 GDP 来自私募股权投资,欧洲的平均数是 0.28% 。这意味着欧洲还存在巨大的潜力,因为这种渗透率还不够,还没有达到一个私募股权投资成熟的市场,还有更多的余地来进行投资。

我的故乡德国在私募股权投资方面的比例甚至比欧洲的平均数还低。尽管我们是欧洲最大的经济体,而且有非常强有力的经济,但是私募股权却没有在德国起到很大的作用,所以对于我们的会员来说还存在很多的投资机会和退出机会。

最后,我必须介绍一下欧洲的中型企业市场,这是欧洲非常强有力的经济组成部分,我们称之为“欧洲的发动机”。对欧洲中型企业的投资在不断增长,欧洲的私募股权基金在中型市场的投资和其他领域相比也反映出其实力。欧洲 70% 的并购投资都发生在中型市场的公司,这点我们非常引以为豪。从整个欧洲版图我们也能发现,尽管一些国家或地区的人口很少,经济比重不高,但是仍然可以看到私募股权投资对中型市场投资的热情。

另外我们还有一个创新公司的例子,我们称之为 Unicorn(独角兽)。随着时间的推移,投资的增加,创新公司达到了 10 亿美元的估值,世界上很多很多的 Unicorn 企业来自美国,但是欧洲现在也出现了很了不起的公司,这点我们感到非常骄傲和自豪。近几年欧洲也创造了一些新的业务和新的公司,包括美国在内的越来越多的国家的风险投资公司来到欧洲,投资于欧洲的公司,因为他们看到这些企业的价值所在和创新所在。

结束前,非常感谢大家听我的发言,我很荣幸能够在这样的会议上发言,我也希望私募股权基金行业能够继续在中国发展壮大,希望大家在未来共同努力,使私募股权基金行业在全球成为最强有力的资产类别。非常感谢!

股权融资可有效地降低杠杆率

中国银行首席经济学家　曹远征

谢谢,非常高兴能参加这个 PE 论坛,我现在已经退休了,但是我还在 PE 里面。除了过去担任过像渤海产业投资和中国文化产业投资的创始人以外,最重要我还是中英国际基础设施投资基金的董事长，曾经与方总一块合作投资过很多中国基础设施的项目。那今天我的发言题目叫作“供给侧改革和 PE 的发展”，我想讲三个问题。第一个为什么要进行供给侧改革，第二个在供给侧改革中 PE 可以做什么，第三个 PE 在未来发展当中应关注的方向是什么。

首先，看到中国经济正在下行，我的老主任邵秉仁说了，从 2010 年第三季度到现在持续了 20 个季度，坦率地说他做中国宏观经济 30 多年没有见过这样的情况。这表明中国经济下行是趋势性的变化，是中国经济进入新的阶段，这个新阶段导致经济告别了两位数的高速增长，也就是说经济新常态遇到了第一个问题——下行。那如果我们看看这个结构变化是什么变化，跟过去 35 年的发展做一个对比就可以看出来，至少有 4 点是非常明显的：

第一点，过去是出口导向性经济，出口在中国经济中间占的地位是非常重要的，但是现在全球经济不好，出口增速在下降。2010 年中国出口增速在 30% 以上，去年只有 6%，今年负增长。这是一个深刻的结构调整，很多为出口准备的产业，为全球准备的产能，在这个意义上就出现了绝对的过剩。

第二点，过去中国的产业发展中坚是低成本制造，最重要的是得益于农民工的贡献。根据指标，现在农村青壮年劳动力 50% 以上已经离开农村，25 岁以下的 70% ~ 80% 已经离开了农村，这意味着农村的廉价劳动力不再充沛，从而劳动力成本是会上升的。我们注意到在过去几年当中，中国最低工资成本都在不断提高，而且还不存在东中西部的差异。如果存在西部涨的速度更快的情况，那为了经济增长更需要劳动生产力的提高，而不是廉价劳动力要素的投入，这个是重大的转变。

第三点，我们看到中国人口结构也在老龄化，老龄化固然能提高消费，但是提高消费的同时存在储蓄率的下降，储蓄率下降就意味着投资驱动的经济难以持续。其实中国经济下行中最重要的是投资下行。过去投资维持在 20% 以上的增长率，现在只有 10%，那从未来来看，这个投资驱动性的动力正在逐渐减弱。

第四点，过去经济增长是资源廉价，环境不要钱，现在看看已经很难持续了。什么叫作产能过剩？在中央经济工作会议上对产能过剩的定义，即超出自然和资源承载能力，这意味着绝对过剩，显然这种低成本的发展受到挑战，节能减排就是大势所趋。

这些因素都在过去 35 年间曾经支持中国经济高速增长，这些因素都在发生变化，中国经济因此下行，出现结构性下行。我们知道在结构变化的过程中，总需求政策是有意义的，但是它的作用是有限的，这个在全球都是一样的。从全球来看，今年是金融危机的第 7 个年头了，全球经济的表现并没有像人们预期的那样有那么大的改变，而货币政策从 QE 到 QQE，从宽松到更宽松，这种宽松的货币政策，这种总需求扩张的政策，尽管防止了更大的衰退，但是并没有有效地提升增长。怎么提升增长呢？只能从需求侧转向供给侧。这对中国来说更为重要，我们看到中国经济目前遇到的形势跟韩国、日本有点相像，是日本 1973 年、韩国 1998 年以后的宏观经济情况，但是你再分析一下似乎又不一样。当时的日本、当时的韩国的城镇化率，也就是城市人口占总人口的比重超过 70%，而中国只有 54%，其中，城镇户籍人口只有 35%。理论上说，城市化还没有达到很高的水平，经济发展还有潜力，但是这个潜力释放不出来，只能说明一个问题，我们的制度设计不对，这就叫作供给侧的改革。

供给侧不仅要做政策，还要改革，通过改革国有企业、民营企业的机制和体制，实现创新，最后是它在供给侧发力。我特别想说的是刚才邵秉仁主任发言中间提到的问题，千条经验万条经验，最重要的经验就是调动积极性，尊重群众的首创精神，其实 PE 是在做首创，那大概是最重要的改革，这个是我说的第一个问题。

第二个问题，在当前的情况下 PE 在供给侧可以做什么？人们讨论中国的宏观经济通常会遇到一个问题：融资难、融资贵。那我们必须得问谁融资难？为什么融资贵？我先说为什么融资贵。其实王忠民理事长在发言中也提到了，杠杆率的问题。我是做国家资产负债表研究的，中国的杠杆率高不高？如果从资产负债表上来看，中国的整体杠杆率在全球已经不算太低了。如果以GDP对M2的比重来看，M2超过GDP 200%，但是你会看到政府的资产负债表和居民的家庭资产负债表是比较健康的，最不健康的是企业，企业负债率高达153%，这个是全球最高的负债表。那负债率如此高的情况下，风险就加大了，怎么来降低这个杠杆呢？其中很重要的一个方法是增加股本融资，才可以降低负债率。过去负债率过高是发展中国家的一个经验，大家都没有钱，只好借钱搞建设，于是民营企业、国有企业都有高负债，但经济发展中金融机构是不是也发生了变化，有更多的机制、更多的市场来发展股权融资？而股权融资从这个意义上来说就变成降杠杆率的很重要的一个手段。那这个股权既包括公开市场的，企业通过上市再融资；也包括私募市场的，就是我们的PE，这个属于股权投资的降杠杆。

否则企业单靠负债的话，企业负债率如此之高，而且在产能过剩的情况下，做银行的怎么敢贷款？贷款一定得是利率在覆盖风险。什么叫作成本贵呢？如果不贷款就是百分之百的成本，利息无限高。那你就可以看到，在去年的这一过程中，风险的加大，你看整个贷款利率在持续上升，那意味着除了在债券市场上有些发债，把利率拉平以外，更重要的是股权市场，只有股权融资才可以有效地降低杠杆率。这个情况也是我们欧洲的这位女士讲的问题，金融危机是快速地去杠杆，政府必须加杠杆，而政府实行宽松的货币政策，就是利率在持续地下行。利率持续下行并不意味着去杠杆不会发生，利率持续下行也意味着股权融资的成本在降低，所以股权融资在大规模地发展，投资回报率也在提高，全球都面临这个情况，去杠杆恰恰是股权融资本身发展的机遇。

再来说谁融资难？最重要的是中小企业融资难。欧洲的同行也说了，他们最重要的是中型企业。那为什么中小企业融资难，这个是天然的命题，中小企业不适合负债。我们都知道负债得有资本。老百姓去买房子还有 30% 的首付，你没有这个银行是不会贷款的。那么什么叫作中小企业，就是 30% 的首付也拿不出来的，于是就负不了债。我想这个是私募股权基金发展的原因，也是背景，它提供 30% 的首付，那是资本，没有资本就没有办法负债。你一直强调金融机构发展，负债类的、存款类的机构继续发展，但是没有那 30% 的首付就没有贷款对象，私募是在这个方面提供补充。如果说要大众创业、万众创新，创新最重要的应该是私募股权基金，而正是因为他能够提供资本，从而使这些企业有了条件可以负债，才可以像滚雪球一样变大。我想这两种意义都是在目前中国宏观经济进行结构性改革的背景下，对私募的要求或者是私募基金在这上面的贡献。

第三个问题是在这个发展中间，我们自身关注哪些领域？大家都知道今年是“十二五规划”最重要的一年，我们提出一个目标是调整结构，调整结构说一万句一千句就是两句话，怎么调整？一、二、三产业均衡发展，重点是发展服务业，第二个是内需外需共同提高，重点是扩大内需，而扩大内需的核心是增大居民消费，增大居民消费的主要途径是增加居民收入。今年是“十二五”规划的最后一年，我们看看这些结构调整是不是发生了变化，这些变化预示着中国经济新产业的出现，也预示着中国经济可持续发展的希望。我们关注四类指标，我想从宏观指标高度关注一下。

第一个指标是中国居民收入。在过去 7 年中间，中国居民收入持续与 GDP 增长保持同步。而且更为重要的是，中国居民收入增长速度是快于 GDP 的，每年达到两位数。按照“十二五”规划，包括“十三五规划”中我们看到的，2010 年到 2020 年 GDP 翻番，中国居民收入应该翻番。按照目前的增长速度，未来 GDP 如果继续保持 6.5% 的一个增长，居民收入增长同步，那居民收入就会在未来 10 年内翻番。如果 GDP 继续保持 10% 以上的增长，居民收入将在 7 年以内翻番。中国是一个拥有 13 亿人口的大国，如果居民收入在10 年翻番就会再造一个中国，是一个庞大的消费市场。

我们讲的最重要的就是钢材、水利。你会看到电视机过剩吗，冰箱过剩吗，手机过剩吗，汽车过剩吗？尽管也销售困难，但是似乎都能卖得出去，卖给农民了。农村市场是值得关注的，中国现在房地产不行，房子卖不出去，但是今年上半年增长的是家具行业，是家装行业。农民有钱了也要装修一下房子，也要买家具。从居民收入增长来看，中国农村是最有潜力的，于是农村跟居民收入相关的产业也是我们要考虑的方向。包括现在网络在争论的，就是最后一公里。

第二个指标是服务业增长速度。在“十一五”期间，中央政府要求服务业增长速度要快于 GDP 2 个百分点，没有做到。但是在“十二五”期间，服务业的增长速度不仅快于 GDP，也要快于工业增长，在 2013 年服务业成为第一大产业，今年已经会达到 50% 左右了。我们预计大概在 2020 年的时候，服务业会达到 50% ~60%，成为中国第一大产业。服务业也不是大家传统上认为的服务吃喝玩乐的，比如开饭馆的服务业，更多已经向高端转移。这几年增长最快的第一是医疗产业，每年增长 30%，第二是教育产业，培训市场是爆发性的市场，第三是旅游产业，中国公民出国旅游每年超过 1 亿人次，当然也包括金融行业、互联网行业、物流行业，这都是服务业。生产性服务业是高端的服务业，这个成为中国新的增长热点，是投资需要关注的热点，我相信很多的 PE 都是关注这个方向的。

第三个指标是技术进步。“十一五”规划没有完成的一个指标是研发经费占 GDP 的比重，没有达到 2%。但是在“十二五”期间似乎远远超过此数，中国第一次达到这个 2% 是在 2012 年，而这几年研发经费持续投入。我们计算了一下，这个投入不是由政府出钱，而是由企业，78% 的研发经费是企业投入的。道理很简单，现在劳动力变贵了，我们用机器代替劳动力。中国机器人销售位于全球市场第一，占全球市场的 1/5，这个是大规模的流水线的改造。

我们认为中国技术进步最快的行业是汽车工业，新车车型发布全球是同步的，车价在不断降低，那是劳动生产率提高的结果。各个行业都出现了这种技术进步，大规模的设备更新和改造，这是 2025 年中国制造升级的希望所在。前些日子海尔上市，海尔表示已经将佛山的工厂变成黑灯工厂，当时我没有听懂，其实就是智能生产的工厂不需要一个灯，场外有一个人控制计算机。我发现制造业的升级比我们想象的要快。

除此之外，正是技术进步催生了一大堆为这些技术进步服务的中间企业，比如说北京的中关村这条街上，就有很多的“孵化器”，很多的企业在那儿。我算了一下去年在中国 VC 投资的 1/2 就发生在北京的中关村，天使投资和 VC 投资都在那儿，尽管不知道投资的成功率有多高，但是创业成功的氛围已经起来了，这是中国经济的希望，是 PE 应该关注的市场。

最后一个指标，过去中国的增长有东、中、西部的差异，西部是落后地区，沿海是发达地区，但是我们发现差异正在缩小。在某种程度上，西部的增长快于中部、快于东部、快于全国的平均，西部成为新的一个增长地区。西部的经济增长还不仅仅是投资的增长，基础设施的扩张，而且是技术进步的一个表现。我们看到成都似乎成为新的高新技术聚集区了，很有可能跟深圳并驾齐驱，成为创业的热土。我们也注意到中国最先进的纺织技术出现在我们认为最落后的地区——新疆。正是这些技术进步使这些地区有可持续增长的动力，从而构成了一带一路、向西开放的基础。那条路 2 000年前就有了，但上面就是一条路，如果没有经济发展，那条路是没有意义的。正是有了经济的发展，西部经济的发展，向西开放才是必要的。所以说关注西部、关注跟一带一路相互配套的项目，很可能是 PE 考虑的一个方向，因为很多的中国产业会往那边转移，比如说中巴经济走廊，可能很多的过剩产能、中国的纺织业会经那边去，再比如说中缅蒙印经济走廊，很多劳动力行业会往那边投资。于是 PE 在这个上面来说也不能仅仅是投资国内企业,而是投资国内具有国际化视野的企业,这种企业也不一定是高新技术企业,很可能是传统制造企业,只不过把传统的东西搬到更适合的地方去了。这个经验就像当年张思平市长所说的,深圳30多年改革开放,想想看当年的深圳是什么样,不过就是箱包厂、制鞋厂、玩具厂。那时候劳动成本便宜,现在大量的中国企业在东盟国家的投资也是这样的,越南的人均月工资只有82美元,而中国现在人均月工资平均四五百美元,有四五倍的差距。于是我们就看到在越南的胡志明市等旁边有庞大的中国企业,就像当年的外资走深圳一样开始走到这个地方,这个是有前景的,这个是我们PE关注的,不仅仅是高新技术,还有传统行业。

以上是中国经济正在出现的新变化,这些变化也意味着中国新产业的发展。总结一下,什么叫作宏观调控?如果这些产业是嫩芽的话,那宏观调控就是在为它遮风挡雨。什么叫结构性改革?结构性改革就是改革灌溉性,改革土壤,改善品种,一旦这些嫩芽长成参天大树,中国经济就可稳健、可持续。而可稳健、可持续,也必须在人民币加入SDR的情况下,中国作为第二大经济体,中国的稳定、持续就有实际的意义。这个也就是方总召开这个全球PE大会的原因,PE不仅仅是中国的意义,在全球也是有意义的。因为中国经济的可持续发展现在变成全球的问题。以上是我的发言,谢谢!

新兴市场占世界GDP总额将更大

全球新兴市场股权投资基金协会主席兼CEO Robert W. van Zwieten

感谢方风雷先生的介绍,感谢协会的领导邀请我来参与这次会议,也很高兴回到北京,特别是最近这几天的蓝天让我感到很幸运。今天我的发言将以数据为主,同时会补充一些观点性的问题。我的发言主题是对中国另类投资的展望,新兴市场另类投资的趋势对中国的关注点，另外还有一些有限合伙人，也就是机构投资人的观点，最后我将总结介绍一下这个领域下一阶段最关键的趋势。

2015 年是充满波动的一年，大家恐怕都感受到了这一点。我们今天谈到了 6 个 C，包括中国经济放慢，特别是中国股市的波动；许多国家的货币政策，不光是新兴市场的货币，还有欧元，以及美元的贬值；大宗商品价格的下降，不光是现在 40 美元1 桶的石油，还有全球的消费减少、缺少信心；还有中央银行的问题，不仅是欧洲和日本通过量化宽松来支持本国经济，同时我们也看到美联储在这方面采取的一些行动。以这些波动开头是我们的一个背景，因此整个宏观经济现在下滑我们并不感到奇怪，反映到股权投资基金这个行业，我们可以看到今年前三季度整个募资额同比下降约 18%，投资下降约 23%。

另外，从我们的研究中发现，全球新兴市场另类投资的募资额和投资额在全球所占百分比比往年要减小，募资额仅占 11%，投资额下降了 7%。但尽管如此，我们仍然有理由看好新兴市场的投资，因为还存在一些不错的基本因素。大家都知道，快速发展的新兴市场经济在全球还是占主体的地位，根据国际基金组织的数据可以看到新兴市场国家有相当不错的 GDP 增长率。尽管中国今年的 GDP 增长率放缓，但我们认为中国经济还会继续增长，它的速度是更加可持续的发展速度，而且我认为中国经济速度放缓并不是一个坏事。任何经济体的 GDP 能够不断地以 10% ~12% 的增速增长，即使放缓到 6.5% 的年增长率，还是可以证明它有很大的 GDP 基础，这个也是非常了不起的经验。

但同时我也想冒昧分析一下中国经济放缓需要解决的问题，本质就是中国能不能很好地管理它的转型，从一个出口导向的经济模式转向一个国内消费的经济模式。另外，我们再看看这个例子，新兴市场的 GDP 总额继续超过发达市场的 GDP 总额。2015 年，这一比例达到了 62%。而且全球新兴市场股权投资机构管理的资金总额约为1.2亿美元,是非常有购买力的一个数字。

当然我们也看到,新兴市场私募股权投资行业的渗透率还不够高,因此还有巨大的潜力,这种私募股权的渗透率在中国很多新兴市场还是非常不成熟的。我们再看看中国2014年至2015年前三个季度,私募股权基金在中国投资了260亿美元,这个数字超过了2011—2013年这三年投资的总额,这是非常了不起的成绩。再结合中国目前宏观经济情况我们可以发现,只要在经济发展周期中进行合理的资产分配,私募股权投资一定有很好的发展机会。

从LP的角度我们可以看出,自2008年到现在,中国投资亚洲新兴市场的资金一直占着比较大的比例,我们会看到这种情况将持续下去。2015年前三季度,投资于亚洲新兴市场63%的资金都进入中国,从整个泛亚洲的情况来看,这种趋势会继续。加之目前整体宏观经济的情况,我们发现对于中国的LP来说,现在是一个以低成本进入市场的绝佳时期,一定要抓住这样一个机会。

另外,今天上午其他嘉宾也谈到了风险投资。全球新兴市场的风险投资行业现在完全走向了成熟,所占总投资的比例持续上升,这种上升趋势从2011年一直保持到现在。交易额方面,风险投资也超过了其他私募股权投资,在过去的几年里我们看到了风险投资里面的资本总额也在增长。因此,我们看到了很多行业的创新,特别是在再造金融工程中出现的很多创新。另外,私募股权投资的集中度更高,特别反映在亚洲新兴市场以及中国。私募股权投资现在将更多的目光投向服务领域的消费品方面,主要是由新兴的中产阶级不断上升、不断壮大所带来的。

另外,中国私募股权投资行业的业绩超过了其他亚洲市场的私募股权投资行业。据不完全统计,中国私募股权投资行业在过去十年,总的内部投资回报率达到22.1%,这是非常了不起的数字;在退出方面,受今年夏天中国股市的大波动影响,到今年第二季度,中国私募股权投资行业的退出发生了很大的变化。公开市场的波动表现出令人不安的趋势,但后来当局进行了干预。另外包括财务的支出也给市场打气,因此我认为有更公平的做法来管理股票市场,从而创造一个更有流动性的、开放的市场。

我们再来看看有限合伙人的感觉。根据我们对全球 120 多个有限合伙人的调研显示,受各种内部、外部因素的影响,新兴市场的价值创造使得更多的有限合伙人愿意投入更多精力,推动这些地区的实体经济发展。在这里我还想指出一点,中国在过去 5 年里,有限合伙人数量的排名有所下降,究其原因,首先是因为过去很长时间人们一直担心中国经济增长会放慢,特别是怕中国经济出现硬着陆;其次,中国私募股权基金在投资工具运用上的能力有时候还比不上其他一些地区;最后,其他新兴市场国家,如巴西、南非、印度等国经济的崛起,使得更多有限合伙人产生兴趣;等等。

尽管中国的排名下降,但是有限合伙人仍然看好中国,54% 的有限合伙人仍然觉得中国私募股权投资的回报率能达到 16% ,这一数字仅次于东南亚,打败了其他的发达国家。这次调查能够很好地预见未来两年全球新兴市场的情况,而调查结果显示他们仍然看好中国。另外,这些有限合伙人比较偏好的投资行业包括技术、电讯、金融服务、医疗卫生、消费服务和产品,认为这些行业仍然是新兴市场国家未来主要的经济增长点。这里面我想强调的是,我们目前没有在中国发现很好的医疗卫生行业代表企业,鉴于中国越来越深刻地面临老龄化问题,我们认为这个领域会是中国非常有价值的投资机会。

在调研中我们也发现,全球的有限合伙人非常关注中国经济在调整过程中如何从投资拉动变成消费需求拉动,以及这一调节过程中可能出现的风险,大部分调研者会担心中国在这个过程当中如何去应对可能出现的各式各样的问题。

结束前,对我今天的发言进行一下总结。首先我们看到目前全球经济的融资能力与以往相比普遍出现减缓,这个可能是由于宏观的因素所导致,这些因素短期之内不会有什么变化，因此会持续一段时间；即便是美联储今年12月可能会加息，在短期之内对全球经济以及各个行业也并不能产生很大的影响。因此，现在各个资产类别当中会出现“双降”的现象。但是在这个过程当中新兴市场仍然会扮演投资以及融资的主力角色，因为在短期之内其经济增长仍然是相对快速的。另外，即便是宏观形势这么不乐观，中国在2014—2015年的时候仍然吸引了260亿美元的资金，比前面的3年总数还要更高。我们认为接下来投资人会关注的一些领域都是与消费者需求拉动有关的行业，比如医疗健康行业。退出机会仍然取决于公开市场，也就是为什么资本市场的一些市场干预可能会更受到大家的关注。所有的LP有限合伙人希望新兴市场的表现能够更多地来自价值创造，而随着在过去5年当中中国已不再是那么吸引人的一个市场，其对中国的期望值相对于其他的地方是更高的。

第四部分

政策汇编

（2015年12月）

科技部关于进一步推动科技型中小企业创新发展的若干意见

(国科发高〔2015〕3 号)

各省、自治区、直辖市及计划单列市科技厅(委、局),新疆生产建设兵团科技局:

为深入贯彻党的十八大、十八届三中全会精神,全面落实《中共中央 国务院关于深化科技体制改革加快国家创新体系建设的意见》(中发〔2012〕6 号),实施创新驱动发展战略,深化科技体制改革,充分发挥市场在资源配置中的决定性作用和更好发挥政府作用,激发科技型中小企业技术创新活力,促进科技型中小企业健康发展,现提出以下意见:

一、推动科技型中小企业创新发展的重要意义

科技型中小企业是指从事高新技术产品研发、生产和服务的中小企业群体,在提升科技创新能力、支撑经济可持续发展、扩大社会就业等方面发挥着重要作用。长期以来,在党中央国务院和各部门、各地方的大力支持下,科技型中小企业取得了长足发展。但是,我国科技型中小企业仍然面临创新能力有待加强、创业环境有待优化、服务体系有待完善、融资渠道有待拓宽等问题。因此,需要进一步凝聚各方力量,培育壮大科技型中小企业群体,带动科技型中小企业走创新发展道路,为经济社会发展提供重要支撑。

二、鼓励科技创业

(一)支持创办科技型中小企业。鼓励科研院所、高等学校科研人员和企业科技人员创办科技型中小企业,建立健全股权、期权、分红权等有利于激励技术创业的收益分配机制。支持高校毕业生以创业的方式实现就业,对入驻科技企业孵化器或大学生创业基地的创业者给予房租优惠、创业辅导等支持。

(二)加快推进创业投资机构发展。鼓励各类社会资本设立天使投资、创业投资等股权投资基金，支持科技型中小企业创业活动。探索建立早期创投风险补偿机制，在投资损失确认后可按损失额的一定比例，对创业投资企业进行风险补偿。

（三）加强创新创业孵化生态体系建设。推动建立支持科技创业企业成长的持续推进机制和全程孵化体系，促进大学科技园、科技企业孵化器等创业载体功能提升和创新发展。加大中小企业专项资金等对创业载体建设的支持力度。

三、支持技术创新

（四）支持科技型中小企业建立研发机构。支持科技型中小企业建立企业实验室、企业技术中心、工程技术研究中心等研发机构，提升对技术创新的支撑与服务能力。对拥有自主知识产权并形成良好经济社会效益的科技型中小企业研发机构给予重点扶持。

（五）支持科技型中小企业开展技术改造。鼓励和引导中小企业加强技术改造与升级，支持其采用新技术、新工艺、新设备调整优化产业和产品结构，将技术改造项目纳入贷款贴息等优惠政策的支持范围。

（六）通过政府采购支持科技型中小企业技术创新。进一步完善和落实国家政府采购扶持中小企业发展的相关法规政策。各级机关、事业单位和社团组织的政府采购活动，在同等条件下，鼓励优先采购科技型中小企业的产品和服务。鼓励科技型中小企业组成联合体共同参加政府采购与首台（套）示范项目。

四、强化协同创新

（七）推动科技型中小企业开展协同创新。推动科技型中小企业与大型企业、高等学校、科研院所开展战略合作，探索产学研深度结合的有效模式和长效机制。鼓励高等学校、科研院所等形成的科技成果向科技型中小企业转移转化。深入开展科技人员服务企业行动，通过科技特派员等方式组织科技人员帮助科技型中小企业解决技术难题。

(八)鼓励高校院所和大型企业开放科技资源。引导和鼓励有条件的高等学校、科研院所、大型企业的重点实验室、国家工程(技术)研究中心、大型科学仪器中心、分析测试中心等科研基础设施和设备进一步向科技型中小企业开放,提供检验检测、标准制定、研发设计等科技服务。

(九)吸纳科技型中小企业参与构建产业技术创新战略联盟。以产业技术创新关键问题为导向、形成产业核心竞争力为目标,引导行业骨干企业牵头,广泛吸纳科技型中小企业参与,按市场机制积极构建产业技术创新战略联盟。

五、推动集聚化发展

(十)充分发挥国家高新区、产业化基地的集聚作用。以国家高新区、高新技术产业化基地、现代服务业产业化基地、火炬计划特色产业基地、创新型产业集群等为载体,引导科技型中小企业走布局集中、产业集聚、土地集约的发展模式,促进科技型中小企业集群式发展。

(十一)引导科技型中小企业走专业化发展道路,提升产品质量、塑造品牌。支持科技型中小企业聚焦"新技术、新业态、新模式",走专业化、精细化发展道路。鼓励科技型中小企业做强核心业务,推进精益制造,打造具有竞争力和影响力的精品和品牌。

六、完善服务体系

(十二)完善科技型中小企业技术创新服务体系。充分发挥地方在区域创新中的主导作用,通过政策引导和试点带动,整合资源,加快建设各具特色的科技型中小企业技术创新公共服务体系。鼓励通过政府购买服务的方式,为科技型中小企业提供管理指导、技能培训、市场开拓、标准咨询、检验检测认证等服务。

(十三)充分发挥专业中介机构和科技服务机构的作用。开放并扩大中小企业中介服务机构的服务领域、规范中介服务市场,促进各类专业机构为科技型中小企业提供优质服务。充分发挥科技服务机构作用，推动各类科技服务机构面向科技型中小企业开展服务。

七、拓宽融资渠道

（十四）完善多层次资本市场，支持科技型中小企业做大做强。支持科技型中小企业通过多层次资本市场体系实现改制、挂牌、上市融资。支持利用各类产权交易市场开展科技型中小企业股权流转和融资服务，完善非上市科技公司股份转让途径。鼓励科技型中小企业利用债券市场融资，探索对发行企业债券、信托计划、中期票据、短期融资券等直接融资产品的科技型中小企业给予社会筹资利息补贴。

（十五）引导金融机构面向科技型中小企业开展服务创新，拓宽融资渠道。引导商业银行积极向科技型中小企业提供系统化金融服务。支持发展多种形式的抵押质押类信贷业务及产品。鼓励融资租赁企业创新融资租赁经营模式，开展融资租赁与创业投资相结合、租赁债权与投资股权相结合的创投租赁业务。鼓励互联网金融发展和模式创新，支持网络小额贷款、第三方支付、网络金融超市、大数据金融等新兴业态发展。

（十六）完善科技型中小企业融资担保和科技保险体系。引导设立多层次、专业化的科技担保公司和再担保机构，逐步建立和完善科技型中小企业融资担保体系，鼓励为中小企业提供贷款担保的担保机构实行快捷担保审批程序，简化反担保措施。鼓励保险机构大力发展知识产权保险、首台（套）产品保险、产品研发责任险、关键研发设备险、成果转化险等科技保险产品。

八、优化政策环境

（十七）进一步加大对科技型中小企业的财政支持力度。充分发挥中央财政资金的引导作用，逐步提高中小企业发展专项资金和国家科技成果转化引导基金支持科技创新的力度，凝聚带动社会资源支持科技型中小企业发展。加大各类科技计划对科技型中小企业技术创新活动的支持力度。鼓励地方财政加大对科技型中小企业技术创新的支持，对于研发投入占企业总收入达到一定比例的科技型中小企业给予补贴。鼓励地方政府在科技型中小企业中筛选一批创新能力强、发展潜力大的企业进行重点扶持，培育形成一批具有竞争优势的创新型企业和上市后备企业。

（十八）进一步完善落实税收支持政策。进一步完善和落实小型微利企业、高新技术企业、技术先进型服务企业技术转让、研究开发费用加计扣除、研究开发仪器设备折旧、科技企业孵化器、大学科技园等税收优惠政策，加强对科技型中小企业的政策培训和宣传。结合深化税收制度改革，加快推动营业税改征增值税试点，完善结构性减税政策。

（十九）实施有利于科技型中小企业吸引人才的政策。结合创新人才推进计划、海外高层次人才引进计划、青年英才开发计划和国家高技能人才振兴计划等各项国家人才重大工程的实施，支持科技型中小企业引进和培养创新创业人才，鼓励在财政补助、落户、社保、税收等方面给予政策扶持。鼓励科技型中小企业与高等学校、职业院校建立定向、订单式的人才培养机制，支持高校毕业生到科技型中小企业就业，并给予档案免费保管等扶持政策。鼓励科技型中小企业加大对员工的培训力度。

（二十）加强统计监测与信用评价体系建设。建立公平开放透明的市场规则，加大对市场中侵害科技型中小企业合法利益行为的打击力度。研究发布科技型中小企业标准，建立科技型中小企业资源库，健全科技型中小企业统计调查、监测分析和定期发布制度。加快科技型中小企业信用体系建设，开展对科技型中小企业的信用评价。

推动科技型中小企业创新发展既是一项事关创新型国家建设的长期战略任务，也是加快转变经济发展方式的迫切需求，更是进一步落实创新驱动发展战略的关键路径之一。各地方科技管理部门要高度重视科技型中小企业工作，加强与有关部门的沟通协调，结合各地情况，制定本意见的贯彻落实办法，采取有效政策措施，切实推动科技型中小企业创新发展。

科技部
2015年1月10日

国务院办公厅关于发展众创空间推进大众创新创业的指导意见
（国办发〔2015〕9号）

各省、自治区、直辖市人民政府，国务院各部委、各直属机构：

为加快实施创新驱动发展战略，适应和引领经济发展新常态，顺应网络时代大众创业、万众创新的新趋势，加快发展众创空间等新型创业服务平台，营造良好的创新创业生态环境，激发亿万群众创造活力，打造经济发展新引擎，经国务院同意，现提出以下意见。

一、总体要求

（一）指导思想。全面落实党的十八大和十八届二中、三中、四中全会精神，按照党中央、国务院决策部署，以营造良好创新创业生态环境为目标，以激发全社会创新创业活力为主线，以构建众创空间等创业服务平台为载体，有效整合资源，集成落实政策，完善服务模式，培育创新文化，加快形成大众创业、万众创新的生动局面。

（二）基本原则。

坚持市场导向。充分发挥市场配置资源的决定性作用，以社会力量为主构建市场化的众创空间，以满足个性化多样化消费需求和用户体验为出发点，促进创新创意与市场需求和社会资本有效对接。

加强政策集成。进一步加大简政放权力度,优化市场竞争环境。完善创新创业政策体系,加大政策落实力度,降低创新创业成本,壮大创新创业群体。完善股权激励和利益分配机制,保障创新创业者的合法权益。

强化开放共享。充分运用互联网和开源技术,构建开放创新创业平台,促进更多创业者加入和集聚。加强跨区域、跨国技术转移,整合利用全球创新资源。推动产学研协同创新,促进科技资源开放共享。

创新服务模式。通过市场化机制、专业化服务和资本化途径,有效集成创业服务资源,提供全链条增值服务。强化创业辅导,培育企业家精神,发挥资本推力作用,提高创新创业效率。

(三)发展目标。到2020年,形成一批有效满足大众创新创业需求、具有较强专业化服务能力的众创空间等新型创业服务平台;培育一批天使投资人和创业投资机构,投融资渠道更加畅通;孵化培育一大批创新型小微企业,从中培养能够引领未来经济发展的骨干企业,形成新的产业业态和经济增长点;创业群体高度活跃,以创业促进就业,提供更多高质量就业岗位;创新创业政策体系更加健全,服务体系更加完善,全社会创新创业文化氛围更加浓厚。

二、重点任务

(一)加快构建众创空间。总结推广创客空间、创业咖啡、创新工场等新型孵化模式,充分利用国家自主创新示范区、国家高新技术产业开发区、科技企业孵化器、小企业创业基地、大学科技园和高校、科研院所的有利条件,发挥行业领军企业、创业投资机构、社会组织等社会力量的主力军作用,构建一批低成本、便利化、全要素、开放式的众创空间。发挥政策集成和协同效应,实现创新与创业相结合、线上与线下相结合、孵化与投资相结合,为广大创新创业者提供良好的工作空间、网络空间、社交空间和资源共享空间。

（二）降低创新创业门槛。深化商事制度改革，针对众创空间等新型孵化机构集中办公等特点，鼓励各地结合实际，简化住所登记手续，采取一站式窗口、网上申报、多证联办等措施为创业企业工商注册提供便利。有条件的地方政府可对众创空间等新型孵化机构的房租、宽带接入费用和用于创业服务的公共软件、开发工具给予适当财政补贴，鼓励众创空间为创业者提供免费高带宽互联网接入服务。

（三）鼓励科技人员和大学生创业。加快推进中央级事业单位科技成果使用、处置和收益管理改革试点，完善科技人员创业股权激励机制。推进实施大学生创业引领计划，鼓励高校开发开设创新创业教育课程，建立健全大学生创业指导服务专门机构，加强大学生创业培训，整合发展国家和省级高校毕业生就业创业基金，为大学生创业提供场所、公共服务和资金支持，以创业带动就业。

（四）支持创新创业公共服务。综合运用政府购买服务、无偿资助、业务奖励等方式，支持中小企业公共服务平台和服务机构建设，为中小企业提供全方位专业化优质服务，支持服务机构为初创企业提供法律、知识产权、财务、咨询、检验检测认证和技术转移等服务，促进科技基础条件平台开放共享。加强电子商务基础建设，为创新创业搭建高效便利的服务平台，提高小微企业市场竞争力。完善专利审查快速通道，对小微企业亟须获得授权的核心专利申请予以优先审查。

（五）加强财政资金引导。通过中小企业发展专项资金，运用阶段参股、风险补助和投资保障等方式，引导创业投资机构投资于初创期科技型中小企业。发挥国家新兴产业创业投资引导基金对社会资本的带动作用，重点支持战略性新兴产业和高技术产业早中期、初创期创新型企业发展。发挥国家科技成果转化引导基金作用，综合运用设立创业投资子基金、贷款风险补偿、绩效奖励等方式，促进科技成果转移转化。发挥财政资金杠杆作用，通过市场机制引导社会资金和金融资本支持创业活动。发挥财税政策作用支持天使投资、创业投资发展，培育发展天使投资群体，推动大众创新创业。

(六)完善创业投融资机制。发挥多层次资本市场作用,为创新型企业提供综合金融服务。开展互联网股权众筹融资试点,增强众筹对大众创新创业的服务能力。规范和发展服务小微企业的区域性股权市场,促进科技初创企业融资,完善创业投资、天使投资退出和流转机制。鼓励银行业金融机构新设或改造部分分(支)行,作为从事科技型中小企业金融服务的专业或特色分(支)行,提供科技融资担保、知识产权质押、股权质押等方式的金融服务。

(七)丰富创新创业活动。鼓励社会力量围绕大众创业、万众创新组织开展各类公益活动。继续办好中国创新创业大赛、中国农业科技创新创业大赛等赛事活动,积极支持参与国际创新创业大赛,为投资机构与创新创业者提供对接平台。建立健全创业辅导制度,培育一批专业创业辅导师,鼓励拥有丰富经验和创业资源的企业家、天使投资人和专家学者担任创业导师或组成辅导团队。鼓励大企业建立服务大众创业的开放创新平台,支持社会力量举办创业沙龙、创业大讲堂、创业训练营等创业培训活动。

(八)营造创新创业文化氛围。积极倡导敢为人先、宽容失败的创新文化,树立崇尚创新、创业致富的价值导向,大力培育企业家精神和创客文化,将奇思妙想、创新创意转化为实实在在的创业活动。加强各类媒体对大众创新创业的新闻宣传和舆论引导,报道一批创新创业先进事迹,树立一批创新创业典型人物,让大众创业、万众创新在全社会蔚然成风。

三、组织实施

(一)加强组织领导。各地区、各部门要高度重视推进大众创新创业工作,切实抓紧抓好。各有关部门要按照职能分工,积极落实促进创新创业的各项政策措施。各地要加强对创新创业工作的组织领导,结合地方实际制订具体实施方案,明确工作部署，切实加大资金投入、政策支持和条件保障力度。

（二）加强示范引导。在国家自主创新示范区、国家高新技术产业开发区、小企业创业基地、大学科技园和其他有条件的地区开展创业示范工程。鼓励各地积极探索推进大众创新创业的新机制、新政策，不断完善创新创业服务体系，营造良好的创新创业环境。

（三）加强协调推进。科技部要加强与相关部门的工作协调，研究完善推进大众创新创业的政策措施，加强对发展众创空间的指导和支持。各地要做好大众创新创业政策落实情况调研、发展情况统计汇总等工作，及时报告有关进展情况。

国务院办公厅
2015年3月2日

中共中央国务院关于深化体制机制改革加快实施创新驱动发展战略的若干意见
（2015年3月13日）

创新是推动一个国家和民族向前发展的重要力量，也是推动整个人类社会向前发展的重要力量。面对全球新一轮科技革命与产业变革的重大机遇和挑战，面对经济发展新常态下的趋势变化和特点，面对实现"两个一百年"奋斗目标的历史任务和要求，必须深化体制机制改革，加快实施创新驱动发展战略，现提出如下意见。

一、总体思路和主要目标

加快实施创新驱动发展战略，就是要使市场在资源配置中起决定性作用和更好发挥政府作用，破除一切制约创新的思想障碍和制度藩篱，激发全社会创新活力和创造潜能，提升劳动、信息、知识、技术、管理、资本的效率和效益，强化科技同经济对接、创新成果同产业对接、创新项目同现实生产力对接、研发人员创新劳动同其利益收入对接,增强科技进步对经济发展的贡献度,营造大众创业、万众创新的政策环境和制度环境。

——坚持需求导向。紧扣经济社会发展重大需求,着力打通科技成果向现实生产力转化的通道,着力破除科学家、科技人员、企业家、创业者创新的障碍,着力解决要素驱动、投资驱动向创新驱动转变的制约,让创新真正落实到创造新的增长点上,把创新成果变成实实在在的产业活动。

——坚持人才为先。要把人才作为创新的第一资源,更加注重培养、用好、吸引各类人才,促进人才合理流动、优化配置,创新人才培养模式;更加注重强化激励机制,给予科技人员更多的利益回报和精神鼓励;更加注重发挥企业家和技术技能人才队伍创新作用,充分激发全社会的创新活力。

——坚持遵循规律。根据科学技术活动特点,把握好科学研究的探索发现规律,为科学家潜心研究、发明创造、技术突破创造良好条件和宽松环境;把握好技术创新的市场规律,让市场成为优化配置创新资源的主要手段,让企业成为技术创新的主体力量,让知识产权制度成为激励创新的基本保障;大力营造勇于探索、鼓励创新、宽容失败的文化和社会氛围。

——坚持全面创新。把科技创新摆在国家发展全局的核心位置,统筹推进科技体制改革和经济社会领域改革,统筹推进科技、管理、品牌、组织、商业模式创新,统筹推进军民融合创新,统筹推进引进来与走出去合作创新,实现科技创新、制度创新、开放创新的有机统一和协同发展。

到 2020 年,基本形成适应创新驱动发展要求的制度环境和政策法律体系,为进入创新型国家行列提供有力保障。人才、资本、技术、知识自由流动,企业、科研院所、高等学校协同创新,创新活力竞相迸发,创新成果得到充分保护,创新价值得到更大体现，创新资源配置效率大幅提高，创新人才合理分享创新收益，使创新驱动发展战略真正落地，进而打造促进经济增长和就业创业的新引擎，构筑参与国际竞争合作的新优势，推动形成可持续发展的新格局，促进经济发展方式的转变。

二、营造激励创新的公平竞争环境

发挥市场竞争激励创新的根本性作用，营造公平、开放、透明的市场环境，强化竞争政策和产业政策对创新的引导，促进优胜劣汰，增强市场主体创新动力。

（一）实行严格的知识产权保护制度。

完善知识产权保护相关法律，研究降低侵权行为追究刑事责任门槛，调整损害赔偿标准，探索实施惩罚性赔偿制度。完善权利人维权机制，合理划分权利人举证责任。

完善商业秘密保护法律制度，明确商业秘密和侵权行为界定，研究制定相应保护措施，探索建立诉前保护制度。研究商业模式等新形态创新成果的知识产权保护办法。

完善知识产权审判工作机制，推进知识产权民事、刑事、行政案件的“三审合一”，积极发挥知识产权法院的作用，探索跨地区知识产权案件异地审理机制，打破对侵权行为的地方保护。

健全知识产权侵权查处机制，强化行政执法与司法衔接，加强知识产权综合行政执法，健全知识产权维权援助体系，将侵权行为信息纳入社会信用记录。

（二）打破制约创新的行业垄断和市场分割。

加快推进垄断性行业改革，放开自然垄断行业竞争性业务，建立鼓励创新的统一透明、有序规范的市场环境。

切实加强反垄断执法，及时发现和制止垄断协议和滥用市场支配地位等垄断行为，为中小企业创新发展拓宽空间。

打破地方保护，清理和废除妨碍全国统一市场的规定和做法，纠正地方政府不当补贴或利用行政权力限制、排除竞争的行为,探索实施公平竞争审查制度。

(三)改进新技术新产品新商业模式的准入管理。

改革产业准入制度,制定和实施产业准入负面清单,未纳入负面清单管理的行业、领域、业务等,各类市场主体皆可依法平等进入。

破除限制新技术、新产品、新商业模式发展的不合理准入障碍。对药品、医疗器械等创新产品建立便捷高效的监管模式,深化审评审批制度改革,多种渠道增加审评资源,优化流程,缩短周期,支持委托生产等新的组织模式发展。对新能源汽车、风电、光伏等领域实行有针对性的准入政策。

改进互联网、金融、环保、医疗卫生、文化、教育等领域的监管,支持和鼓励新业态、新商业模式发展。

(四)健全产业技术政策和管理制度。

改革产业监管制度,将前置审批为主转变为依法加强事中事后监管为主,形成有利于转型升级、鼓励创新的产业政策导向。

强化产业技术政策的引导和监督作用,明确并逐步提高生产环节和市场准入的环境、节能、节地、节水、节材、质量和安全指标及相关标准,形成统一权威、公开透明的市场准入标准体系。健全技术标准体系,强化强制性标准的制定和实施。

加强产业技术政策、标准执行的过程监管。强化环保、质检、工商、安全监管等部门的行政执法联动机制。

(五)形成要素价格倒逼创新机制。

运用主要由市场决定要素价格的机制,促使企业从依靠过度消耗资源能源、低性能低成本竞争,向依靠创新、实施差别化竞争转变。

加快推进资源税改革,逐步将资源税扩展到占用各种自然生态空间,推进环境保护费改税。完善市场化的工业用地价格形成机制。健全企业职工工资正常增长机制,实现劳动力成本变化与经济提质增效相适应。

三、建立技术创新市场导向机制

发挥市场对技术研发方向、路线选择和各类创新资源配置的导向作用,调整创新决策和组织模式,强化普惠性政策支持,促进企业真正成为技术创新决策、研发投入、科研组织和成果转化的主体。

(六)扩大企业在国家创新决策中的话语权。

建立高层次、常态化的企业技术创新对话、咨询制度,发挥企业和企业家在国家创新决策中的重要作用。吸收更多企业参与研究制定国家技术创新规划、计划、政策和标准,相关专家咨询组中产业专家和企业家应占较大比例。

国家科技规划要聚焦战略需求,重点部署市场不能有效配置资源的关键领域研究,竞争类产业技术创新的研发方向、技术路线和要素配置模式由企业依据市场需求自主决策。

(七)完善企业为主体的产业技术创新机制。

市场导向明确的科技项目由企业牵头、政府引导、联合高等学校和科研院所实施。鼓励构建以企业为主导、产学研合作的产业技术创新战略联盟。

更多运用财政后补助、间接投入等方式,支持企业自主决策、先行投入,开展重大产业关键共性技术、装备和标准的研发攻关。

开展龙头企业创新转型试点,探索政府支持企业技术创新、管理创新、商业模式创新的新机制。

完善中小企业创新服务体系,加快推进创业孵化、知识产权服务、第三方检验检测认证等机构的专业化、市场化改革,壮大技术交易市场。

优化国家实验室、重点实验室、工程实验室、工程(技术)研究中心布局,按功能定位分类整合，构建开放共享互动的创新网络，建立向企业特别是中小企业有效开放的机制。探索在战略性领域采取企业主导、院校协作、多元投资、军民融合、成果分享的新模式，整合形成若干产业创新中心。加大国家重大科研基础设施、大型科研仪器和专利基础信息资源等向社会开放力度。

（八）提高普惠性财税政策支持力度。

坚持结构性减税方向，逐步将国家对企业技术创新的投入方式转变为以普惠性财税政策为主。

统筹研究企业所得税加计扣除政策，完善企业研发费用计核方法，调整目录管理方式，扩大研发费用加计扣除优惠政策适用范围。完善高新技术企业认定办法，重点鼓励中小企业加大研发力度。

（九）健全优先使用创新产品的采购政策。

建立健全符合国际规则的支持采购创新产品和服务的政策体系，落实和完善政府采购促进中小企业创新发展的相关措施，加大创新产品和服务的采购力度。鼓励采用首购、订购等非招标采购方式，以及政府购买服务等方式予以支持，促进创新产品的研发和规模化应用。

研究完善使用首台（套）重大技术装备鼓励政策，健全研制、使用单位在产品创新、增值服务和示范应用等环节的激励和约束机制。

放宽民营企业和科研单位进入军品科研生产和维修采购范围。

四、强化金融创新的功能

发挥金融创新对技术创新的助推作用，培育壮大创业投资和资本市场，提高信贷支持创新的灵活性和便利性，形成各类金融工具协同支持创新发展的良好局面。

（十）壮大创业投资规模。

研究制定天使投资相关法规。按照税制改革的方向与要求，对包括天使投资在内的投向种子期、初创期等创新活动的投资，统筹研究相关税收支持政策。

研究扩大促进创业投资企业发展的税收优惠政策，适当放宽创业投资企业投资高新技术企业的条件限制，并在试点基础上将享受投资抵扣政策的创业投资企业范围扩大到有限合伙制创业投资企业法人合伙人。

结合国有企业改革设立国有资本创业投资基金，完善国有创投机构激励约束机制。按照市场化原则研究设立国家新兴产业创业投资引导基金，带动社会资本支持战略性新兴产业和高技术产业早中期、初创期创新型企业发展。

完善外商投资创业投资企业规定，有效利用境外资本投向创新领域。研究保险资金投资创业投资基金的相关政策。

（十一）强化资本市场对技术创新的支持。

加快创业板市场改革，健全适合创新型、成长型企业发展的制度安排，扩大服务实体经济覆盖面，强化全国中小企业股份转让系统融资、并购、交易等功能，规范发展服务小微企业的区域性股权市场。加强不同层次资本市场的有机联系。

发挥沪深交易所股权质押融资机制作用，支持符合条件的创新创业企业发行公司债券。支持符合条件的企业发行项目收益债，募集资金用于加大创新投入。

推动修订相关法律法规，探索开展知识产权证券化业务。开展股权众筹融资试点，积极探索和规范发展服务创新的互联网金融。

（十二）拓宽技术创新的间接融资渠道。

完善商业银行相关法律。选择符合条件的银行业金融机构，探索试点为企业创新活动提供股权和债权相结合的融资服务方式，与创业投资、股权投资机构实现投贷联动。

政策性银行在有关部门及监管机构的指导下，加快业务范围内金融产品和服务方式创新，对符合条件的企业创新活动加大信贷支持力度。

稳步发展民营银行,建立与之相适应的监管制度,支持面向中小企业创新需求的金融产品创新。

建立知识产权质押融资市场化风险补偿机制,简化知识产权质押融资流程。加快发展科技保险,推进专利保险试点。

五、完善成果转化激励政策

强化尊重知识、尊重创新,充分体现智力劳动价值的分配导向,让科技人员在创新活动中得到合理回报,通过成果应用体现创新价值,通过成果转化创造财富。

(十三)加快下放科技成果使用、处置和收益权。

不断总结试点经验,结合事业单位分类改革要求,尽快将财政资金支持形成的,不涉及国防、国家安全、国家利益、重大社会公共利益的科技成果的使用权、处置权和收益权,全部下放给符合条件的项目承担单位。单位主管部门和财政部门对科技成果在境内的使用、处置不再审批或备案,科技成果转移转化所得收入全部留归单位,纳入单位预算,实行统一管理,处置收入不上缴国库。

(十四)提高科研人员成果转化收益比例。

完善职务发明制度,推动修订专利法、公司法等相关内容,完善科技成果、知识产权归属和利益分享机制,提高骨干团队、主要发明人受益比例。完善奖励报酬制度,健全职务发明的争议仲裁和法律救济制度。

修订相关法律和政策规定,在利用财政资金设立的高等学校和科研院所中,将职务发明成果转让收益在重要贡献人员、所属单位之间合理分配,对用于奖励科研负责人、骨干技术人员等重要贡献人员和团队的收益比例,可以从现行不低于 20% 提高到不低于 50% 。

国有企业事业单位对职务发明完成人、科技成果转化重要贡献人员和团队的奖励,计入当年单位工资总额,不作为工资总额基数。

（十五）加大科研人员股权激励力度。

鼓励各类企业通过股权、期权、分红等激励方式，调动科研人员创新积极性。

对高等学校和科研院所等事业单位以科技成果作价入股的企业，放宽股权奖励、股权出售对企业设立年限和盈利水平的限制。

建立促进国有企业创新的激励制度，对在创新中做出重要贡献的技术人员实施股权和分红权激励。

积极总结试点经验，抓紧确定科技型中小企业的条件和标准。高新技术企业和科技型中小企业科研人员通过科技成果转化取得股权奖励收入时，原则上在5年内分期缴纳个人所得税。结合个人所得税制改革，研究进一步激励科研人员创新的政策。

六、构建更加高效的科研体系

发挥科学技术研究对创新驱动的引领和支撑作用，遵循规律、强化激励、合理分工、分类改革，增强高等学校、科研院所原始创新能力和转制科研院所的共性技术研发能力。

（十六）优化对基础研究的支持方式。

切实加大对基础研究的财政投入，完善稳定支持和竞争性支持相协调的机制，加大稳定支持力度，支持研究机构自主布局科研项目，扩大高等学校、科研院所学术自主权和个人科研选题选择权。

改革基础研究领域科研计划管理方式，尊重科学规律，建立包容和支持"非共识"创新项目的制度。

改革高等学校和科研院所聘用制度，优化工资结构，保证科研人员合理工资待遇水平。完善内部分配机制，重点向关键岗位、业务骨干和做出突出成绩的人员倾斜。

（十七）加大对科研工作的绩效激励力度。

完善事业单位绩效工资制度，健全鼓励创新创造的分配激励机制。完善科研项目间接费用管理制度,强化绩效激励,合理补偿项目承担单位间接成本和绩效支出。项目承担单位应结合一线科研人员实际贡献,公开公正安排绩效支出,充分体现科研人员的创新价值。

(十八)改革高等学校和科研院所科研评价制度。

强化对高等学校和科研院所研究活动的分类考核。对基础和前沿技术研究实行同行评价,突出中长期目标导向,评价重点从研究成果数量转向研究质量、原创价值和实际贡献。

对公益性研究强化国家目标和社会责任评价,定期对公益性研究机构组织第三方评价,将评价结果作为财政支持的重要依据,引导建立公益性研究机构依托国家资源服务行业创新机制。

(十九)深化转制科研院所改革。

坚持技术开发类科研机构企业化转制方向,可将承担较多行业共性科研任务的转制科研院所组建成产业技术研发集团,对行业共性技术研究和市场经营活动进行分类管理、分类考核。

推动以生产经营活动为主的转制科研院所深化市场化改革,通过引入社会资本或整体上市,积极发展混合所有制,推进产业技术联盟建设。

对于部分转制科研院所中基础研究能力较强的团队,在明确定位和标准的基础上,引导其回归公益,参与国家重点实验室建设,支持其继续承担国家任务。

(二十)建立高等学校和科研院所技术转移机制。

逐步实现高等学校和科研院所与下属公司剥离,原则上高等学校、科研院所不再新办企业,强化科技成果以许可方式对外扩散。

加强高等学校和科研院所的知识产权管理,明确所属技术转移机构的功能定位,强化其知识产权申请、运营权责。

建立完善高等学校、科研院所的科技成果转移转化的统计和报告制度,财政资金支持形成的科技成果,除涉及国防、国家安全、国家利益、重大社会公共利益外,在合理期限内未能转化的,可由国家依法强制许可实施。

七、创新培养、用好和吸引人才机制

围绕建设一支规模宏大、富有创新精神、敢于承担风险的创新型人才队伍,按照创新规律培养和吸引人才,按照市场规律让人才自由流动,实现人尽其才、才尽其用、用有所成。

(二十一)构建创新型人才培养模式。

开展启发式、探究式、研究式教学方法改革试点,弘扬科学精神,营造鼓励创新、宽容失败的创新文化。改革基础教育培养模式,尊重个性发展,强化兴趣爱好和创造性思维培养。

以人才培养为中心,着力提高本科教育质量,加快部分普通本科高等学校向应用技术型高等学校转型,开展校企联合招生、联合培养试点,拓展校企合作育人的途径与方式。

分类改革研究生培养模式,探索科教结合的学术学位研究生培养新模式,扩大专业学位研究生招生比例,增进教学与实践的融合。

鼓励高等学校以国际同类一流学科为参照,开展学科国际评估,扩大交流合作,稳步推进高等学校国际化进程。

(二十二)建立健全科研人才双向流动机制。

改进科研人员薪酬和岗位管理制度,破除人才流动的体制机制障碍,促进科研人员在事业单位和企业间合理流动。

符合条件的科研院所的科研人员经所在单位批准,可带着科研项目和成果、保留基本待遇到企业开展创新工作或创办企业。

允许高等学校和科研院所设立一定比例流动岗位,吸引有创新实践经验的企业家和企业科技人才兼职。试点将企业任职经历作为高等学校新聘工程类教师的必要条件。

加快社会保障制度改革,完善科研人员在企业与事业单位之间流动时社保关系转移接续政策,促进人才双向自由流动。

(二十三)实行更具竞争力的人才吸引制度。

制定外国人永久居留管理的意见,加快外国人永久居留管理立法,规范和放宽技术型人才取得外国人永久居留证的条件,探索建立技术移民制度。对持有外国人永久居留证的外籍高层次人才在创办科技型企业等创新活动方面,给予中国籍公民同等待遇。

加快制定外国人在中国工作管理条例,对符合条件的外国人才给予工作许可便利,对符合条件的外国人才及其随行家属给予签证和居留等便利。对满足一定条件的国外高层次科技创新人才取消来华工作许可的年龄限制。

围绕国家重大需求,面向全球引进首席科学家等高层次科技创新人才。建立访问学者制度。广泛吸引海外高层次人才回国(来华)从事创新研究。

稳步推进人力资源市场对外开放,逐步放宽外商投资人才中介服务机构的外资持股比例和最低注册资本金要求。鼓励有条件的国内人力资源服务机构走出去与国外人力资源服务机构开展合作,在境外设立分支机构,积极参与国际人才竞争与合作。

八、推动形成深度融合的开放创新局面

坚持引进来与走出去相结合,以更加主动的姿态融入全球创新网络,以更加开阔的胸怀吸纳全球创新资源,以更加积极的策略推动技术和标准输出,在更高层次上构建开放创新机制。

（二十四）鼓励创新要素跨境流动。

对开展国际研发合作项目所需付汇，实行研发单位事先承诺，商务、科技、税务部门事后并联监管。

对科研人员因公出国进行分类管理，放宽因公临时出国批次限量管理政策。

改革检验管理，对研发所需设备、样本及样品进行分类管理，在保证安全前提下，采用重点审核、抽检、免检等方式，提高审核效率。

（二十五）优化境外创新投资管理制度。

健全综合协调机制，协调解决重大问题，合力支持国内技术、产品、标准、品牌走出去，开拓国际市场。强化技术贸易措施评价和风险预警机制。

研究通过国有重点金融机构发起设立海外创新投资基金，外汇储备通过债权、股权等方式参与设立基金工作，更多更好利用全球创新资源。

鼓励上市公司海外投资创新类项目，改革投资信息披露制度，在相关部门确认不影响国家安全和经济安全前提下，按照中外企业商务谈判进展，适时披露有关信息。

（二十六）扩大科技计划对外开放。

制定国家科技计划对外开放的管理办法，按照对等开放、保障安全的原则，积极鼓励和引导外资研发机构参与承担国家科技计划项目。

在基础研究和重大全球性问题研究等领域，统筹考虑国家科研发展需求和战略目标，研究发起国际大科学计划和工程，吸引海外顶尖科学家和团队参与。积极参与大型国际科技合作计划。引导外资研发中心开展高附加值原创性研发活动，吸引国际知名科研机构来华联合组建国际科技中心。

九、加强创新政策统筹协调

更好发挥政府推进创新的作用。改革科技管理体制，加强创新政策评估督查与绩效评价，形成职责明晰、积极作为、协调有力、长效管用的创新治理体系。

(二十七)加强创新政策的统筹。

加强科技、经济、社会等方面的政策、规划和改革举措的统筹协调和有效衔接,强化军民融合创新。发挥好科技界和智库对创新决策的支撑作用。

建立创新政策协调审查机制,组织开展创新政策清理,及时废止有违创新规律、阻碍新兴产业和新兴业态发展的政策条款,对新制定政策是否制约创新进行审查。

建立创新政策调查和评价制度,广泛听取企业和社会公众意见,定期对政策落实情况进行跟踪分析,并及时调整完善。

(二十八)完善创新驱动导向评价体系。

改进和完善国内生产总值核算方法,体现创新的经济价值。研究建立科技创新、知识产权与产业发展相结合的创新驱动发展评价指标,并将其纳入国民经济和社会发展规划。

健全国有企业技术创新经营业绩考核制度,加大技术创新在国有企业经营业绩考核中的比重。对国有企业研发投入和产出进行分类考核,形成鼓励创新、宽容失败的考核机制。把创新驱动发展成效纳入对地方领导干部的考核范围。

(二十九)改革科技管理体制。

转变政府科技管理职能,建立依托专业机构管理科研项目的机制,政府部门不再直接管理具体项目,主要负责科技发展战略、规划、政策、布局、评估和监管。

建立公开统一的国家科技管理平台,健全统筹协调的科技宏观决策机制,加强部门功能性分工,统筹衔接基础研究、应用开发、成果转化、产业发展等各环节工作。

进一步明晰中央和地方科技管理事权和职能定位,建立责权统一的协同联动机制,提高行政效能。

（三十）推进全面创新改革试验。

遵循创新区域高度集聚的规律，在有条件的省（自治区、直辖市）系统推进全面创新改革试验，授权开展知识产权、科研院所、高等教育、人才流动、国际合作、金融创新、激励机制、市场准入等改革试验，努力在重要领域和关键环节取得新突破，及时总结推广经验，发挥示范和带动作用，促进创新驱动发展战略的深入实施。

各级党委和政府要高度重视，加强领导，把深化体制机制改革、加快实施创新驱动发展战略，作为落实党的十八大和十八届二中、三中、四中全会精神的重大任务，认真抓好落实。有关方面要密切配合，分解改革任务，明确时间表和路线图，确定责任部门和责任人。要加强对创新文化的宣传和舆论引导，宣传改革经验、回应社会关切、引导社会舆论，为创新营造良好的社会环境。

（新华社北京2015年3月23日电）

国务院办公厅关于印发自由贸易试验区外商投资国家安全审查试行办法的通知（国办发〔2015〕24号）

各省、自治区、直辖市人民政府，国务院各部委、各直属机构：

《自由贸易试验区外商投资国家安全审查试行办法》已经国务院同意，现印发给你们，请认真贯彻执行。

国务院办公厅

2015年4月8日

自由贸易试验区外商投资国家安全审查试行办法

为做好中国(上海)自由贸易试验区、中国(广东)自由贸易试验区、中国(天津)自由贸易试验区、中国(福建)自由贸易试验区等自由贸易试验区(以下统称“自贸试验区”)对外开放工作,试点实施与负面清单管理模式相适应的外商投资国家安全审查(以下简称“安全审查”)措施,引导外商投资有序发展,维护国家安全,制定本办法。

一、审查范围

总的原则是,对影响或可能影响国家安全、国家安全保障能力,涉及敏感投资主体、敏感并购对象、敏感行业、敏感技术、敏感地域的外商投资进行安全审查。

(一)安全审查范围为:外国投资者在自贸试验区内投资军工、军工配套和其他关系国防安全的领域,以及重点、敏感军事设施周边地域;外国投资者在自贸试验区内投资关系国家安全的重要农产品、重要能源和资源、重要基础设施、重要运输服务、重要文化、重要信息技术产品和服务、关键技术、重大装备制造等领域,并取得所投资企业的实际控制权。

(二)外国投资者在自贸试验区内投资,包括下列情形:

1. 外国投资者单独或与其他投资者共同投资新建项目或设立企业。

2. 外国投资者通过并购方式取得已设立企业的股权或资产。

3. 外国投资者通过协议控制、代持、信托、再投资、境外交易、租赁、认购可转换债券等方式投资。

(三)外国投资者取得所投资企业的实际控制权,包括下列情形:

1. 外国投资者及其关联投资者持有企业股份总额在 50% 以上。

2. 数个外国投资者持有企业股份总额合计在 50% 以上。

3. 外国投资者及其关联投资者、数个外国投资者持有企业股份总额不超过50%，但所享有的表决权已足以对股东会或股东大会、董事会的决议产生重大影响。

4. 其他导致外国投资者对企业的经营决策、人事、财务、技术等产生重大影响的情形。

二、审查内容

（一）外商投资对国防安全，包括对国防需要的国内产品生产能力、国内服务提供能力和有关设施的影响。

（二）外商投资对国家经济稳定运行的影响。

（三）外商投资对社会基本生活秩序的影响。

（四）外商投资对国家文化安全、公共道德的影响。

（五）外商投资对国家网络安全的影响。

（六）外商投资对涉及国家安全关键技术研发能力的影响。

三、安全审查工作机制和程序

（一）自贸试验区外商投资安全审查工作，由外国投资者并购境内企业安全审查部际联席会议（以下简称“联席会议”）具体承担。在联席会议机制下，国家发展改革委、商务部根据外商投资涉及的领域，会同相关部门开展安全审查。

（二）自贸试验区安全审查程序依照《国务院办公厅关于建立外国投资者并购境内企业安全审查制度的通知》（国办发〔2011〕6号）第四条办理。

（三）对影响或可能影响国家安全，但通过附加条件能够消除影响的投资，联席会议可要求外国投资者出具修改投资方案的书面承诺。外国投资者出具书面承诺后，联席会议可做出附加条件的审查意见。

（四）自贸试验区管理机构在办理职能范围内外商投资备案、核准或审核手续时，对属于安全审查范围的外商投资,应及时告知外国投资者提出安全审查申请,并暂停办理相关手续。

(五)商务部将联席会议审查意见书面通知外国投资者的同时,通知自贸试验区管理机构。对不影响国家安全或附加条件后不影响国家安全的外商投资,自贸试验区管理机构继续办理相关手续。

(六)自贸试验区管理机构应做好外商投资监管工作。如发现外国投资者提供虚假信息、遗漏实质信息、通过安全审查后变更投资活动或违背附加条件,对国家安全造成或可能造成重大影响,即使外商投资安全审查已结束或投资已实施,自贸试验区管理机构应向国家发展改革委和商务部报告。

(七)国家发展改革委、商务部与自贸试验区管理机构通过信息化手段,在信息共享、实时监测、动态管理和定期核查等方面形成联动机制。

四、其他规定

(一)外商投资股权投资企业、创业投资企业、投资性公司在自贸试验区内投资,适用本办法。

(二)外商投资金融领域的安全审查另行规定。

(三)香港特别行政区、澳门特别行政区、台湾地区的投资者进行投资,参照本办法的规定执行。

(四)本办法由国家发展改革委、商务部负责解释。

(五)本办法自印发之日起 30 日后实施。

国务院办公厅关于印发自由贸易试验区外商投资准入特别管理措施（负面清单）的通知

（国办发〔2015〕23号）

各省、自治区、直辖市人民政府，国务院各部委、各直属机构：

《自由贸易试验区外商投资准入特别管理措施（负面清单）》已经国务院同意，现印发给你们，请认真执行。实施中的重大问题，要及时向国务院请示报告。

国务院办公厅
2015年4月8日

自由贸易试验区外商投资准入特别管理措施（负面清单）

说　明

一、《自由贸易试验区外商投资准入特别管理措施（负面清单）》（以下简称《自贸试验区负面清单》）依据现行有关法律法规制定，已经国务院批准，现予以发布。《自贸试验区负面清单》列明了不符合国民待遇等原则的外商投资准入特别管理措施，适用于上海、广东、天津、福建四个自由贸易试验区（以下统称"自贸试验区"）。

二、《自贸试验区负面清单》依据《国民经济行业分类》（GB/T4754—2011）划分为15个门类、50个条目、122项特别管理措施。其中，特别管理措施包括具体行业措施和适用于所有行业的水平措施。

三、《自贸试验区负面清单》中未列出的与国家安全、公共秩序、公共文化、金融审慎、政府采购、补贴、特殊手续和税收相关的特别管理措施，按照现行规定执行。自贸试验区内的外商投资涉及国家安全的，须按照《自由贸易试验区外商投资国家安全审查试行办法》进行安全审查。

四、《自贸试验区负面清单》之外的领域，在自贸试验区内按照内外资一致原则实施管理，并由所在地省级人民政府发布实施指南，做好相关引导工作。

五、香港特别行政区、澳门特别行政区、台湾地区投资者在自贸试验区内投资参照《自贸试验区负面清单》执行。内地与香港特别行政区、澳门特别行政区关于建立更紧密经贸关系的安排及其补充协议，《海峡两岸经济合作框架协议》，我国签署的自贸协定中适用于自贸试验区并对符合条件的投资者有更优惠的开放措施的，按照相关协议或协定的规定执行。

六、《自贸试验区负面清单》自印发之日起 30 日后实施，并适时调整。

自由贸易试验区外商投资准入特别管理措施(负面清单)

序号	领域	特别管理措施
一、农、林、牧、渔业		
(一)	种植业	1. 禁止投资中国稀有和特有的珍贵优良品种的研发、养殖、种植以及相关繁殖材料的生产(包括种植业、畜牧业、水产业的优良基因)。 2. 禁止投资农作物、种畜禽、水产苗种转基因品种选育及其转基因种子(苗)生产。 3. 农作物新品种选育和种子生产属于限制类,须由中方控股。 4. 未经批准,禁止采集农作物种质资源
(二)	渔业捕捞	5. 在中国管辖水域从事渔业活动,须经中国政府批准。 6. 不批准以合作、合资等方式引进渔船在管辖水域作业的船网工具指标申请
二、采矿业		
(三)	专属经济区与大陆架勘探开发	7. 对中国专属经济区和大陆架的自然资源进行勘查、开发活动或在中国大陆架上为任何目的进行钻探,须经中国政府批准
(四)	石油和天然气开采	8. 石油、天然气(含油页岩、油砂、页岩气、煤层气等非常规油气)的勘探、开发,限于合资、合作
(五)	稀土和稀有矿采选	9. 禁止投资稀土勘查、开采及选矿;未经允许,禁止进入稀土矿区或取得矿山地质资料、矿石样品及生产工艺技术。 10. 禁止投资钨、钼、锡、锑、萤石的勘查、开采。 11. 禁止投资放射性矿产的勘查、开采、选矿
(六)	金属矿及非金属矿采选	12. 贵金属(金、银、铂族)勘查、开采,属于限制类。 13. 锂矿开采、选矿,属于限制类。 14. 石墨勘查、开采,属于限制类
三、制造业		
(七)	航空制造	15. 干线、支线飞机设计、制造与维修,3吨级及以上民用直升机设计与制造,地面、水面效应飞机制造及无人机、浮空器设计与制造,须由中方控股。 16. 通用飞机设计、制造与维修限于合资、合作
(八)	船舶制造	17. 船用低、中速柴油机及曲轴制造,须由中方控股。 18. 海洋工程装备(含模块)制造与修理,须由中方控股。 19. 船舶(含分段)修理、设计与制造属于限制类,须由中方控股

续表

序号	领域	特别管理措施
(九)	汽车制造	20. 汽车整车、专用汽车制造属于限制类,中方股比不低于 50%;同一家外商可在国内建立两家(含两家)以下生产同类(乘用车类、商用车类)整车产品的合资企业,如与中方合资伙伴联合兼并国内其他汽车生产企业可不受两家的限制。 21. 新建纯电动乘用车生产企业生产的产品须使用自有品牌,拥有自主知识产权和已授权的相关发明专利
(十)	轨道交通设备制造	22. 轨道交通运输设备制造限于合资、合作(与高速铁路、铁路客运专线、城际铁路配套的乘客服务设施和设备的研发、设计与制造,与高速铁路、铁路客运专线、城际铁路相关的轨道和桥梁设备研发、设计与制造,电气化铁路设备和器材制造,铁路客车排污设备制造等除外)。 23. 城市轨道交通项目设备国产化比例须达到 70% 及以上
(十一)	通信设备制造	24. 民用卫星设计与制造、民用卫星有效载荷制造须由中方控股。 25. 卫星电视广播地面接收设施及关键件生产属于限制类
(十二)	矿产冶炼和压延加工	26. 钨、钼、锡(锡化合物除外)、锑(含氧化锑和硫化锑)等稀有金属冶炼属于限制类。 27. 稀土冶炼、分离属于限制类,限于合资、合作。 28. 禁止投资放射性矿产冶炼、加工
(十三)	医药制造	29. 禁止投资列入《野生药材资源保护管理条例》和《中国稀有濒危保护植物名录》的中药材加工。 30. 禁止投资中药饮片的蒸、炒、炙、煅等炮制技术的应用及中成药保密处方产品的生产
(十四)	其他制造业	31. 禁止投资象牙雕刻、虎骨加工、宣纸和墨锭生产等民族传统工艺
四、电力、热力、燃气及水生产和供应业		
(十五)	原子能	32. 核电站的建设、经营,须由中方控股。 33. 核燃料、核材料、铀产品以及相关核技术的生产经营和进出口由具有资质的中央企业实行专营。 34. 国有或国有控股企业才可从事放射性固体废物处置活动
(十六)	管网设施	35. 城市人口 50 万以上的城市燃气、热力和供排水管网的建设、经营属于限制类,须由中方控股。 36. 电网的建设、经营须由中方控股

续表

序号	领域	特别管理措施
五、批发和零售业		
(十七)	专营及特许经营	37. 对烟草实行专营制度。烟草专卖品(指卷烟、雪茄烟、烟丝、复烤烟叶、烟叶、卷烟纸、滤嘴棒、烟用丝束、烟草专用机械)的生产、销售、进出口实行专卖管理,并实行烟草专卖许可证制度。禁止投资烟叶、卷烟、复烤烟叶及其他烟草制品的批发、零售。 38. 对中央储备粮(油)实行专营制度。中国储备粮管理总公司具体负责中央储备粮(含中央储备油)的收购、储存、经营和管理。 39. 对免税商品销售业务实行特许经营和集中统一管理。 40. 对彩票发行、销售实行特许经营,禁止在中华人民共和国境内发行、销售境外彩票
六、交通运输、仓储和邮政业		
(十八)	道路运输	41. 公路旅客运输公司属于限制类
(十九)	铁路运输	42. 铁路干线路网的建设、经营须由中方控股。 43. 铁路旅客运输公司属于限制类,须由中方控股
(二十)	水上运输	44. 水上运输公司(上海自贸试验区内设立的国际船舶运输企业除外)属于限制类,须由中方控股,且不得经营以下业务: (1)中国国内水路运输业务,包括以租用中国籍船舶或者舱位等方式变相经营水路运输业务; (2)国内船舶管理、水路旅客运输代理和水路货物运输代理业务。 45. 船舶代理外资比例不超过51%。 46. 外轮理货属于限制类,限于合资、合作。 47. 水路运输经营者不得使用外国籍船舶经营国内水路运输业务,经中国政府许可的特殊情形除外。 48. 中国港口之间的海上运输和拖航,由悬挂中华人民共和国国旗的船舶经营。外国籍船舶经营中国港口之间的海上运输和拖航,须经中国政府批准
(二十一)	公共航空运输	49. 公共航空运输企业须由中方控股,单一外国投资者(包括其关联企业)投资比例不超过25%。 50. 公共航空运输企业董事长和法定代表人须由中国籍公民担任。 51. 外国航空器经营人不得经营中国境内两点之间的运输。 52. 只有中国指定承运人可以经营中国与其他缔约方签订的双边运输协议确定的双边航空运输市场

续表

序号	领域	特别管理措施
(二十二)	通用航空	53. 允许以合资方式投资专门从事农、林、渔作业的通用航空企业,其他通用航空企业须由中方控股。 54. 通用航空企业法定代表人须由中国籍公民担任。 55. 禁止外籍航空器或者外籍人员从事航空摄影、遥感测绘、矿产资源勘查等重要专业领域的通用航空飞行
(二十三)	民用机场与空中交通管制	56. 禁止投资和经营空中交通管制系统。 57. 民用机场的建设、经营,须由中方相对控股
(二十四)	邮政	58. 禁止投资邮政企业和经营邮政服务。 59. 禁止经营信件的国内快递业务
七、信息传输、软件和信息技术服务业		
(二十五)	电信传输服务	60. 电信公司属于限制类,限于中国入世承诺开放的电信业务,其中:增值电信业务(电子商务除外)外资比例不超过 50%,基础电信业务经营者须为依法设立的专门从事基础电信业务的公司,且公司中国有股权或者股份不少于 51%
(二十六)	互联网和相关服务	61. 禁止投资互联网新闻服务、网络出版服务、网络视听节目服务、网络文化经营(音乐除外)、互联网上网服务营业场所、互联网公众发布信息服务(上述服务中,中国入世承诺中已开放的内容除外)。 62. 禁止从事互联网地图编制和出版活动(上述服务中,中国入世承诺中已开放的内容除外)。 63. 互联网新闻信息服务单位与外国投资者进行涉及互联网新闻信息服务业务的合作,应报经中国政府进行安全评估
八、金融业		
(二十七)	银行业股东机构类型要求	64. 境外投资者投资银行业金融机构,应为金融机构或特定类型机构。具体要求: (1)外商独资银行股东、中外合资银行外方股东应为金融机构,且外方唯一或者控股/主要股东应为商业银行; (2)投资中资商业银行、信托公司的应为金融机构; (3)投资农村商业银行、农村合作银行、农村信用(合作)联社、村镇银行的应为境外银行; (4)投资金融租赁公司的应为金融机构或融资租赁公司; (5)消费金融公司的主要出资人应为金融机构; (6)投资货币经纪公司的应为货币经纪公司; (7)投资金融资产管理公司的应为金融机构,且不得参与发起设立金融资产管理公司; (8)法律法规未明确的应为金融机构

续表

序号	领域	特别管理措施
(二十八)	银行业资质要求	65. 境外投资者投资银行业金融机构须符合一定数额的总资产要求，具体包括： (1)外资法人银行外方唯一或者控股/主要股东、外国银行分行的母行； (2)中资商业银行、农村商业银行、农村合作银行、农村信用(合作)联社、村镇银行、信托公司、金融租赁公司、贷款公司、金融资产管理公司的境外投资者； (3)法律法规未明确不适用的其他银行业金融机构的境外投资者。 66. 境外投资者投资货币经纪公司须满足相关业务年限、全球机构网络和资讯通信网络等特定条件
(二十九)	银行业股比要求	67. 境外投资者入股中资商业银行、农村商业银行、农村合作银行、农村信用(合作)联社、金融资产管理公司等银行业金融机构受单一股东和合计持股比例限制
(三十)	外资银行	68. 除符合股东机构类型要求和资质要求外，外资银行还受限于以下条件： (1)外国银行分行不可从事《中华人民共和国商业银行法》允许经营的"代理发行、代理兑付、承销政府债券""代理收付款项""从事银行卡业务"，除可以吸收中国境内公民每笔不少于100万元人民币的定期存款外，外国银行分行不得经营对中国境内公民的人民币业务； (2)外国银行分行应当由总行无偿拨付营运资金，营运资金的一部分应以特定形式存在并符合相应管理要求； (3)外国银行分行须满足人民币营运资金充足性(8%)要求； (4)外资银行获准经营人民币业务须满足最低开业时间要求
(三十一)	期货公司	69. 期货公司属于限制类，须由中方控股
(三十二)	证券公司	70. 证券公司属于限制类，外资比例不超过49%。 71. 单个境外投资者持有(包括直接持有和间接控制)上市内资证券公司股份的比例不超过20%；全部境外投资者持有(包括直接持有和间接控制)上市内资证券公司股份的比例不超过25%
(三十三)	证券投资基金管理公司	72. 证券投资基金管理公司属于限制类，外资比例不超过49%
(三十四)	证券和期货交易	73. 不得成为证券交易所的普通会员和期货交易所的会员。 74. 不得申请开立A股证券账户以及期货账户
(三十五)	保险机构设立	75. 保险公司属于限制类(寿险公司外资比例不超过50%)，境内保险公司合计持有保险资产管理公司的股份不低于75%。 76. 申请设立外资保险公司的外国保险公司，以及投资入股保险公司的境外金融机构(通过证券交易所购买上市保险公司股票的除外)，须符合中国保险监管部门规定的经营年限、总资产等条件

续表

序号	领域	特别管理措施
(三十六)	保险业务	77. 非经中国保险监管部门批准，外资保险公司不得与其关联企业从事再保险的分出或者分入业务
九、租赁和商务服务业		
(三十七)	会计审计	78. 担任特殊普通合伙会计师事务所首席合伙人(或履行最高管理职责的其他职务)，须具有中国国籍
(三十八)	法律服务	79. 外国律师事务所只能以代表机构的方式进入中国，在华设立代表机构、派驻代表，须经中国司法行政部门许可。 80. 禁止从事中国法律事务，不得成为国内律师事务所合伙人。 81. 外国律师事务所驻华代表机构不得聘用中国执业律师，聘用的辅助人员不得为当事人提供法律服务
(三十九)	统计调查	82. 实行涉外调查机构资格认定制度和涉外社会调查项目审批制度。 83. 禁止投资社会调查。 84. 市场调查属于限制类，限于合资、合作，其中广播电视收听、收视调查须由中方控股。 85. 评级服务属于限制类
(四十)	其他商务服务	86. 因私出入境中介机构法定代表人须为具有境内常住户口、具有完全民事行为能力的中国公民
十、科学研究和技术服务业		
(四十一)	专业技术服务	87. 禁止投资大地测量、海洋测绘、测绘航空摄影、行政区域界线测绘，地形图、世界政区地图、全国政区地图、省级及以下政区地图、全国性教学地图、地方性教学地图和真三维地图编制，导航电子地图编制，区域性的地质填图、矿产地质、地球物理、地球化学、水文地质、环境地质、地质灾害、遥感地质等调查。 88. 测绘公司属于限制类，须由中方控股。 89. 禁止投资人体干细胞、基因诊断与治疗技术开发和应用。 90. 禁止设立和运营人文社会科学研究机构
十一、水利、环境和公共设施管理业		
(四十二)	动植物资源保护	91. 禁止投资国家保护的原产于中国的野生动植物资源开发。 92. 禁止采集或收购国家重点保护野生植物

续表

序号	领域	特别管理措施
十二、教育		
(四十三)	教育	93. 外国教育机构、其他组织或者个人不得单独设立以中国公民为主要招生对象的学校及其他教育机构(不包括非学制类职业技能培训)。 94. 外国教育机构可以同中国教育机构合作举办以中国公民为主要招生对象的教育机构,中外合作办学者可以合作举办各级各类教育机构,但是: (1)不得举办实施义务教育和实施军事、警察、政治和党校等特殊领域教育机构; (2)外国宗教组织、宗教机构、宗教院校和宗教教职人员不得在中国境内从事合作办学活动,中外合作办学机构不得进行宗教教育和开展宗教活动; (3)普通高中教育机构、高等教育机构和学前教育属于限制类,须由中方主导(校长或者主要行政负责人应当具有中国国籍,在中国境内定居;理事会、董事会或者联合管理委员会的中方组成人员不得少于1/2;教育教学活动和课程教材须遵守我国相关法律法规及有关规定)
十三、卫生和社会工作		
(四十四)	医疗	95. 医疗机构属于限制类,限于合资、合作
十四、文化、体育和娱乐业		
(四十五)	广播电视播出、传输、制作、经营	96. 禁止投资设立和经营各级广播电台(站)、电视台(站)、广播电视频率频道和时段栏目、广播电视传输覆盖网[广播电视发射台、转播台(包括差转台、收转台)、广播电视卫星、卫星上行站、卫星收转站、微波站、监测台(站)及有线广播电视传输覆盖网等],禁止从事广播电视视频点播业务和卫星电视广播地面接收设施安装服务。 97. 禁止投资广播电视节目制作经营公司。 98. 对境外卫星频道落地实行审批制度。引进境外影视剧和以卫星传送方式引进其他境外电视节目由新闻出版广电总局指定的单位申报。 99. 对中外合作制作电视剧(含电视动画片)实行许可制度
(四十六)	新闻出版、广播影视、金融信息	100. 禁止投资设立通讯社、报刊社、出版社以及新闻机构。 101. 外国新闻机构在中国境内设立常驻新闻机构、向中国派遣常驻记者,应当经中国政府批准。 102. 外国通讯社在中国境内提供新闻的服务业务须由中国政府审批。 103. 禁止投资经营图书、报纸、期刊、音像制品和电子出版物的出版、制作业务;禁止经营报刊版面。 104. 中外新闻机构业务合作、中外合作新闻出版项目,须中方主导,且须经中国政府批准(经中国政府批准,允许境内科学技术类期刊与境外期刊建立版权合作关系,合作期限不超过5年,合作期满需延长的,须再次申请报批。中方掌握内容的终审权,外方人员不得参与中方期刊的编辑、出版活动)。 105. 禁止从事电影、广播电视节目、美术品和数字文献数据库及其出版物等文化产品进口业务(上述服务中,中国入世承诺中已开放的内容除外)。 106. 出版物印刷属于限制类,须由中方控股。 107. 未经中国政府批准,禁止在中国境内提供金融信息服务。 108. 境外传媒(包括外国和港澳台地区报社、期刊社、图书出版社、音像出版社、电子出版物出版公司以及广播、电影、电视等大众传播机构)不得在中国境内设立代理机构或编辑部。如需设立办事机构,须经审批

续表

序号	领域	特别管理措施
(四十七)	电影制作、发行、放映	109. 禁止投资电影制作公司、发行公司、院线公司。 110. 中国政府对中外合作摄制电影片实行许可制度。 111. 电影院的建设、经营须由中方控股。放映电影片,应当符合中国政府规定的国产电影片与进口电影片放映的时间比例。放映单位年放映国产电影片的时间不得低于年放映电影片时间总和的 2/3
(四十八)	非物质文化遗产、文物及考古	112. 禁止投资和经营文物拍卖的拍卖企业、文物购销企业。 113. 禁止投资和运营国有文物博物馆。 114. 禁止不可移动文物及国家禁止出境的文物转让、抵押、出租给外国人。 115. 禁止设立与经营非物质文化遗产调查机构。 116. 境外组织或个人在中国境内进行非物质文化遗产调查和考古调查、勘探、发掘,应采取与中国合作的形式并经专门审批许可
(四十九)	文化娱乐	117. 禁止设立文艺表演团体。 118. 演出经纪机构属于限制类,须由中方控股(为本省市提供服务的除外)。 119. 大型主题公园的建设、经营属于限制类
十五、所有行业		
(五十)	所有行业	120. 不得作为个体工商户、个人独资企业投资人、农民专业合作社成员,从事经营活动。 121.《外商投资产业指导目录》中的禁止类以及标注有“限于合资”“限于合作”“限于合资、合作”“中方控股”“中方相对控股”和有外资比例要求的项目,不得设立外商投资合伙企业。 122. 外国投资者并购境内企业、外国投资者对上市公司的战略投资、境外投资者以其持有的中国境内企业股权出资涉及外商投资项目和企业设立及变更事项的,按现行规定办理

国务院办公厅转发财政部发展改革委人民银行关于在公共服务领域推广政府和社会资本合作模式指导意见的通知

（国办发〔2015〕42 号）

各省、自治区、直辖市人民政府，国务院各部委、各直属机构：

财政部、发展改革委、人民银行《关于在公共服务领域推广政府和社会资本合作模式的指导意见》已经国务院同意，现转发给你们，请认真贯彻执行。

在公共服务领域推广政府和社会资本合作模式，是转变政府职能、激发市场活力、打造经济新增长点的重要改革举措。围绕增加公共产品和公共服务供给，在能源、交通运输、水利、环境保护、农业、林业、科技、保障性安居工程、医疗、卫生、养老、教育、文化等公共服务领域，广泛采用政府和社会资本合作模式，对统筹做好稳增长、促改革、调结构、惠民生、防风险工作具有战略意义。

各地区、各部门要按照简政放权、放管结合、优化服务的要求，简化行政审批程序，推进立法工作，进一步完善制度，规范流程，加强监管，多措并举，在财税、价格、土地、金融等方面加大支持力度，保证社会资本和公众共同受益，通过资本市场和开发性、政策性金融等多元融资渠道，吸引社会资本参与公共产品和公共服务项目的投资、运营管理，提高公共产品和公共服务供给能力与效率。

各地区、各部门要高度重视，精心组织实施，加强协调配合，形成工作合力，切实履行职责，共同抓好落实。

国务院办公厅

2015 年 5 月 19 日

关于在公共服务领域推广政府和社会资本合作模式的指导意见

财政部　发展改革委　人民银行

为打造大众创业、万众创新和增加公共产品、公共服务"双引擎",让广大人民群众享受到优质高效的公共服务,在改善民生中培育经济增长新动力,现就改革创新公共服务供给机制,大力推广政府和社会资本合作(Public - Private Partnership,PPP)模式,提出以下意见:

一、充分认识推广政府和社会资本合作模式的重大意义

政府和社会资本合作模式是公共服务供给机制的重大创新,即政府采取竞争性方式择优选择具有投资、运营管理能力的社会资本,双方按照平等协商原则订立合同,明确责权利关系,由社会资本提供公共服务,政府依据公共服务绩效评价结果向社会资本支付相应对价,保证社会资本获得合理收益。政府和社会资本合作模式有利于充分发挥市场机制作用,提升公共服务的供给质量和效率,实现公共利益最大化。

(一)有利于加快转变政府职能,实现政企分开、政事分开。作为社会资本的境内外企业、社会组织和中介机构承担公共服务涉及的设计、建设、投资、融资、运营和维护等责任,政府作为监督者和合作者,减少对微观事务的直接参与,加强发展战略制定、社会管理、市场监管、绩效考核等职责,有助于解决政府职能错位、越位和缺位的问题,深化投融资体制改革,推进国家治理体系和治理能力现代化。

(二)有利于打破行业准入限制,激发经济活力和创造力。政府和社会资本合作模式可以有效打破社会资本进入公共服务领域的各种不合理限制,鼓励国有控股企业、民营企业、混合所有制企业等各类型企业积极参与提供公共服务,给予中小企业更多参与机会,大幅拓展社会资本特别是民营资本的发展空间,激发市场主体活力和

发展潜力，有利于盘活社会存量资本，形成多元化、可持续的公共服务资金投入渠道，打造新的经济增长点，增强经济增长动力。

（三）有利于完善财政投入和管理方式，提高财政资金使用效益。在政府和社会资本合作模式下，政府以运营补贴等作为社会资本提供公共服务的对价，以绩效评价结果作为对价支付依据，并纳入预算管理、财政中期规划和政府财务报告，能够在当代人和后代人之间公平地分担公共资金投入，符合代际公平原则，有效弥补当期财政投入不足，有利于减轻当期财政支出压力，平滑年度间财政支出波动，防范和化解政府性债务风险。

二、总体要求

（四）指导思想。贯彻落实党的十八大和十八届二中、三中、四中全会精神，按照党中央、国务院决策部署，借鉴国际成熟经验，立足国内实际情况，改革创新公共服务供给机制和投入方式，发挥市场在资源配置中的决定性作用，更好发挥政府作用，引导和鼓励社会资本积极参与公共服务供给，为广大人民群众提供优质高效的公共服务。

（五）基本原则。

依法合规。将政府和社会资本合作纳入法制化轨道，建立健全制度体系，保护参与各方的合法权益，明确全生命周期管理要求，确保项目规范实施。

重诺履约。政府和社会资本法律地位平等、权利义务对等，必须树立契约理念，坚持平等协商、互利互惠、诚实守信、严格履约。

公开透明。实行阳光化运作，依法充分披露政府和社会资本合作项目重要信息，保障公众知情权，对参与各方形成有效监督和约束。

公众受益。加强政府监管，将政府的政策目标、社会目标和社会资本的运营效率、技术进步有机结合，促进社会资本竞争和创新，确保公共利益最大化。

积极稳妥。鼓励地方各级人民政府和行业主管部门因地制宜,探索符合当地实际和行业特点的做法,总结提炼经验,形成适合我国国情的发展模式。坚持必要、合理、可持续的财政投入原则,有序推进项目实施,控制项目的政府支付责任,防止政府支付责任过重加剧财政收支矛盾,带来支出压力。

(六)发展目标。立足于加强和改善公共服务,形成有效促进政府和社会资本合作模式规范健康发展的制度体系,培育统一规范、公开透明、竞争有序、监管有力的政府和社会资本合作市场。着力化解地方政府性债务风险,积极引进社会资本参与地方融资平台公司存量项目改造,争取通过政府和社会资本合作模式减少地方政府性债务。在新建公共服务项目中,逐步增加使用政府和社会资本合作模式的比例。

三、构建保障政府和社会资本合作模式持续健康发展的制度体系

(七)明确项目实施的管理框架。建立健全制度规范体系,实施全生命周期管理,保证项目实施质量。进一步完善操作指南,规范项目识别、准备、采购、执行、移交各环节操作流程,明确操作要求,指导社会资本参与实施。制定合同指南,推动共性问题处理方式标准化。制定分行业、分领域的标准化合同文本,提高合同编制效率和谈判效率。按照预算法、合同法、政府采购法及其实施条例、《国务院办公厅关于政府向社会力量购买服务的指导意见》(国办发〔2013〕96 号)等要求,建立完善管理细则,规范选择合作伙伴的程序和方法,维护国家利益、社会公共利益和社会资本的合法权益。

(八)健全财政管理制度。开展财政承受能力论证,统筹评估和控制项目的财政支出责任,促进中长期财政可持续发展。建立完善公共服务成本财政管理和会计制度,创新资源组合开发模式,针对政府付费、使用者付费、可行性缺口补助等不同支付机制,将项目涉及的运营补贴、经营收费权和其他支付对价等,按照国家统一的会计制度进行核算,纳入年度预算、中期财政规划,在政府财务报告中进行反映和管理,并向本级人民代表大会或其常委会报告。存量公共服务项目转型为政府和社会资本合作项目过程中，应依法进行资产评估，合理确定价值，防止公共资产流失和贱卖。项目实施过程中政府依法获得的国有资本收益、约定的超额收益分成等公共收入应上缴国库。

（九）建立多层次监督管理体系。行业主管部门根据经济社会发展规划及专项规划发起政府和社会资本合作项目，社会资本也可根据当地经济社会发展需求建议发起。行业主管部门应制定不同领域的行业技术标准、公共产品或服务技术规范，加强对公共服务质量和价格的监管。建立政府、公众共同参与的综合性评价体系，建立事前设定绩效目标、事中进行绩效跟踪、事后进行绩效评价的全生命周期绩效管理机制，将政府付费、使用者付费与绩效评价挂钩，并将绩效评价结果作为调价的重要依据，确保实现公共利益最大化。依法充分披露项目实施相关信息，切实保障公众知情权，接受社会监督。

（十）完善公共服务价格调整机制。积极推进公共服务领域价格改革，按照补偿成本、合理收益、节约资源、优质优价、公平负担的原则，加快理顺公共服务价格。依据项目运行情况和绩效评价结果，健全公共服务价格调整机制，完善政府价格决策听证制度，广泛听取社会资本、公众和有关部门意见，确保定价调价的科学性。及时披露项目运行过程中的成本变化、公共服务质量等信息，提高定价调价的透明度。

（十一）完善法律法规体系。推进相关立法，填补政府和社会资本合作领域立法空白，着力解决政府和社会资本合作项目运作与现行法律之间的衔接协调问题，明确政府出资的法律依据和出资性质，规范政府和社会资本的责权利关系，明确政府相关部门的监督管理责任，为政府和社会资本合作模式健康发展提供良好的法律环境和稳定的政策预期。鼓励有条件的地方立足当地实际，依据立法法相关规定，出台地方性法规或规章,进一步有针对性地规范政府和社会资本合作模式的运用。

四、规范推进政府和社会资本合作项目实施

(十二)广泛采用政府和社会资本合作模式提供公共服务。在能源、交通运输、水利、环境保护、农业、林业、科技、保障性安居工程、医疗、卫生、养老、教育、文化等公共服务领域,鼓励采用政府和社会资本合作模式,吸引社会资本参与。其中,在能源、交通运输、水利、环境保护、市政工程等特定领域需要实施特许经营的,按《基础设施和公用事业特许经营管理办法》执行。

(十三)化解地方政府性债务风险。积极运用转让—运营—移交(TOT)、改建—运营—移交(ROT)等方式,将融资平台公司存量公共服务项目转型为政府和社会资本合作项目,引入社会资本参与改造和运营,在征得债权人同意的前提下,将政府性债务转换为非政府性债务,减轻地方政府的债务压力,腾出资金用于重点民生项目建设。大力推动融资平台公司与政府脱钩,进行市场化改制,健全完善公司治理结构,对已经建立现代企业制度、实现市场化运营的,在其承担的地方政府债务已纳入政府财政预算、得到妥善处置并明确公告今后不再承担地方政府举债融资职能的前提下,可作为社会资本参与当地政府和社会资本合作项目,通过与政府签订合同方式,明确责权利关系。严禁融资平台公司通过保底承诺等方式参与政府和社会资本合作项目,进行变相融资。

(十四)提高新建项目决策的科学性。地方政府根据当地经济社会发展需要,结合财政收支平衡状况,统筹论证新建项目的经济效益和社会效益,并进行财政承受能力论证,保证决策质量。根据项目实施周期、收费定价机制、投资收益水平、风险分配基本框架和所需要的政府投入等因素,合理选择建设—运营—移交(BOT)、建设—拥有—运营(BOO)等运作方式。

(十五)择优选择项目合作伙伴。对使用财政性资金作为社会资本提供公共服务对价的项目，地方政府应当根据预算法、合同法、政府采购法及其实施条例等法律法规规定，选择项目合作伙伴。依托政府采购信息平台，及时、充分向社会公布项目采购信息。综合评估项目合作伙伴的专业资质、技术能力、管理经验、财务实力和信用状况等因素，依法择优选择诚实守信的合作伙伴。加强项目政府采购环节的监督管理，保证采购过程公平、公正、公开。

（十六）合理确定合作双方的权利与义务。树立平等协商的理念，按照权责对等原则合理分配项目风险，按照激励相容原则科学设计合同条款，明确项目的产出说明和绩效要求、收益回报机制、退出安排、应急和临时接管预案等关键环节，实现责权利对等。引入价格和补贴动态调整机制，充分考虑社会资本获得合理收益。如单方面构成违约，违约方应当给予对方相应赔偿。建立投资、补贴与价格的协同机制，为社会资本获得合理回报创造条件。

（十七）增强责任意识和履约能力。社会资本要将自身经济利益诉求与政府政策目标、社会目标相结合，不断加强管理和创新，提升运营效率，在实现经济价值的同时，履行好企业社会责任，严格按照约定保质保量提供服务，维护公众利益；要积极进行业务转型和升级，从工程承包商、建设施工方向运营商转变，实现跨不同领域、多元化发展；要不断提升运营实力和管理经验，增强提供公共服务的能力。咨询、法律、会计等中介机构要提供质优价廉的服务，促进项目增效升级。

（十八）保障公共服务持续有效。按照合同约定，对项目建设情况和公共服务质量进行验收，逾期未完成或不符合标准的，社会资本要限期完工或整改，并采取补救措施或赔偿损失。健全合同争议解决机制，依法积极协调解决争议。确需变更合同内容、延长合同期限以及变更社会资本方的，由政府和社会资本方协商解决，但应当保持公共服务的持续性和稳定性。项目资产移交时，要对移交资产进行性能测试、资产评估和登记入账，并按照国家统一的会计制度进行核算，在政府财务报告中进行反映和管理。

五、政策保障

（十九）简化项目审核流程。进一步减少审批环节，建立项目实施方案联评联审机制，提高审查工作效率。项目合同签署后，可并行办理必要的审批手续，有关部门要简化办理手续，优化办理程序，主动加强服务，对实施方案中已经明确的内容不再作实质性审查。

（二十）多种方式保障项目用地。实行多样化土地供应，保障项目建设用地。对符合划拨用地目录的项目，可按划拨方式供地，划拨土地不得改变土地用途。建成的项目经依法批准可以抵押，土地使用权性质不变，待合同经营期满后，连同公共设施一并移交政府；实现抵押权后改变项目性质应该以有偿方式取得土地使用权的，应依法办理土地有偿使用手续。不符合划拨用地目录的项目，以租赁方式取得土地使用权的，租金收入参照土地出让收入纳入政府性基金预算管理。以作价出资或者入股方式取得土地使用权的，应当以市、县人民政府作为出资人，制定作价出资或者入股方案，经市、县人民政府批准后实施。

（二十一）完善财税支持政策。积极探索财政资金撬动社会资金和金融资本参与政府和社会资本合作项目的有效方式。中央财政出资引导设立中国政府和社会资本合作融资支持基金，作为社会资本方参与项目，提高项目融资的可获得性。探索通过以奖代补等措施，引导和鼓励地方融资平台存量项目转型为政府和社会资本合作项目。落实和完善国家支持公共服务事业的税收优惠政策，公共服务项目采取政府和社会资本合作模式的，可按规定享受相关税收优惠政策。鼓励地方政府在承担有限损失的前提下，与具有投资管理经验的金融机构共同发起设立基金，并通过引入结构化设计，吸引更多社会资本参与。

（二十二）做好金融服务。金融机构应创新符合政府和社会资本合作模式特点的金融服务,优化信贷评审方式,积极为政府和社会资本合作项目提供融资支持。鼓励开发性金融机构发挥中长期贷款优势,参与改造政府和社会资本合作项目,引导商业性金融机构拓宽项目融资渠道。鼓励符合条件的项目运营主体在资本市场通过发行公司债券、企业债券、中期票据、定向票据等市场化方式进行融资。鼓励项目公司发行项目收益债券、项目收益票据、资产支持票据等。鼓励社保资金和保险资金按照市场化原则,创新运用债权投资计划、股权投资计划、项目资产支持计划等多种方式参与项目。对符合条件的"走出去"项目,鼓励政策性金融机构给予中长期信贷支持。依托各类产权、股权交易市场,为社会资本提供多元化、规范化、市场化的退出渠道。金融监管部门应加强监督管理,引导金融机构正确识别、计量和控制风险,按照风险可控、商业可持续原则支持政府和社会资本合作项目融资。

六、组织实施

(二十三)加强组织领导。国务院各有关部门要按照职能分工,负责相关领域具体工作,加强对地方推广政府和社会资本合作模式的指导和监督。财政部要会同有关部门,加强政策沟通协调和信息交流,完善体制机制。教育、科技、民政、人力资源社会保障、国土资源、环境保护、住房城乡建设、交通运输、水利、农业、商务、文化、卫生计生等行业主管部门,要结合本行业特点,积极运用政府和社会资本合作模式提供公共服务,探索完善相关监管制度体系。地方各级人民政府要结合已有规划和各地实际,出台具体政策措施并抓好落实;可根据本地区实际情况,建立工作协调机制,推动政府和社会资本合作项目落地实施。

(二十四)加强人才培养。大力培养专业人才,加快形成政府部门、高校、企业、专业咨询机构联合培养人才的机制。鼓励各类市场主体加大人才培训力度,开展业务人员培训,建设一支高素质的专业人才队伍。鼓励有条件的地方政府统筹内部机构改革需要,进一步整合专门力量,承担政府和社会资本合作模式推广职责,提高专业水平和能力。

(二十五)搭建信息平台。地方各级人民政府要切实履行规划指导、识别评估、咨询服务、宣传培训、绩效评价、信息统计、专家库和项目库建设等职责,建立统一信息发布平台,及时向社会公开项目实施情况等相关信息,确保项目实施公开透明、有序推进。

在公共服务领域推广政府和社会资本合作模式,事关人民群众切身利益,是保障和改善民生的一项重要工作。各地区、各部门要充分认识推广政府和社会资本合作模式的重要意义,把思想和行动统一到党中央、国务院的决策部署上来,精心组织实施,加强协调配合,形成工作合力,切实履行职责,共同抓好落实。财政部要强化统筹协调,会同有关部门对本意见落实情况进行督促检查和跟踪分析,重大事项及时向国务院报告。

国务院关于大力推进大众创业万众创新若干政策措施的意见

(国发〔2015〕32 号)

各省、自治区、直辖市人民政府,国务院各部委、各直属机构:

推进大众创业、万众创新,是发展的动力之源,也是富民之道、公平之计、强国之策,对于推动经济结构调整、打造发展新引擎、增强发展新动力、走创新驱动发展道路具有重要意义,是稳增长、扩就业、激发亿万群众智慧和创造力,促进社会纵向流动、公平正义的重大举措。根据 2015 年《政府工作报告》部署,为改革完善相关体制机制,构建普惠性政策扶持体系,推动资金链引导创业创新链、创业创新链支持产业链、产业链带动就业链,现提出以下意见。

一、充分认识推进大众创业、万众创新的重要意义

——推进大众创业、万众创新,是培育和催生经济社会发展新动力的必然选择。

随着我国资源环境约束日益强化，要素的规模驱动力逐步减弱，传统的高投入、高消耗、粗放式发展方式难以为继，经济发展进入新常态，需要从要素驱动、投资驱动转向创新驱动。推进大众创业、万众创新，就是要通过结构性改革、体制机制创新，消除不利于创业创新发展的各种制度束缚和桎梏，支持各类市场主体不断开办新企业、开发新产品、开拓新市场，培育新兴产业，形成小企业“铺天盖地”、大企业“顶天立地”的发展格局，实现创新驱动发展，打造新引擎、形成新动力。

——推进大众创业、万众创新，是扩大就业、实现富民之道的根本举措。我国有13亿多人口、9亿多劳动力，每年高校毕业生、农村转移劳动力、城镇困难人员、退役军人数量较大，人力资源转化为人力资本的潜力巨大，但就业总量压力较大，结构性矛盾凸显。推进大众创业、万众创新，就是要通过转变政府职能、建设服务型政府，营造公平竞争的创业环境，使有梦想、有意愿、有能力的科技人员、高校毕业生、农民工、退役军人、失业人员等各类市场创业主体“如鱼得水”，通过创业增加收入，让更多的人富起来，促进收入分配结构调整，实现创新支持创业、创业带动就业的良性互动发展。

——推进大众创业、万众创新，是激发全社会创新潜能和创业活力的有效途径。目前，我国创业创新理念还没有深入人心，创业教育培训体系还不健全，善于创造、勇于创业的能力不足，鼓励创新、宽容失败的良好环境尚未形成。推进大众创业、万众创新，就是要通过加强全社会以创新为核心的创业教育，弘扬“敢为人先、追求创新、百折不挠”的创业精神，厚植创新文化，不断增强创业创新意识，使创业创新成为全社会共同的价值追求和行为习惯。

二、总体思路

按照“四个全面”战略布局，坚持改革推动，加快实施创新驱动发展战略，充分发挥市场在资源配置中的决定性作用和更好发挥政府作用，加大简政放权力度，放宽政策、放开市场、放活主体,形成有利于创业创新的良好氛围,让千千万万创业者活跃起来,汇聚成经济社会发展的巨大动能。不断完善体制机制、健全普惠性政策措施,加强统筹协调,构建有利于大众创业、万众创新蓬勃发展的政策环境、制度环境和公共服务体系,以创业带动就业、创新促进发展。

——坚持深化改革,营造创业环境。通过结构性改革和创新,进一步简政放权、放管结合、优化服务,增强创业创新制度供给,完善相关法律法规、扶持政策和激励措施,营造均等普惠环境,推动社会纵向流动。

——坚持需求导向,释放创业活力。尊重创业创新规律,坚持以人为本,切实解决创业者面临的资金需求、市场信息、政策扶持、技术支撑、公共服务等瓶颈问题,最大限度释放各类市场主体创业创新活力,开辟就业新空间,拓展发展新天地,解放和发展生产力。

——坚持政策协同,实现落地生根。加强创业、创新、就业等各类政策统筹,部门与地方政策联动,确保创业扶持政策可操作、能落地。鼓励有条件的地区先行先试,探索形成可复制、可推广的创业创新经验。

——坚持开放共享,推动模式创新。加强创业创新公共服务资源开放共享,整合利用全球创业创新资源,实现人才等创业创新要素跨地区、跨行业自由流动。依托“互联网 +”、大数据等,推动各行业创新商业模式,建立和完善线上与线下、境内与境外、政府与市场开放合作等创业创新机制。

三、创新体制机制,实现创业便利化

(一)完善公平竞争市场环境。进一步转变政府职能,增加公共产品和服务供给,为创业者提供更多机会。逐步清理并废除妨碍创业发展的制度和规定,打破地方保护主义。加快出台公平竞争审查制度,建立统一透明、有序规范的市场环境。依法反垄断和反不正当竞争,消除不利于创业创新发展的垄断协议和滥用市场支配地位以及其他不正当竞争行为。清理规范涉企收费项目,完善收费目录管理制度,制定事中事后监管办法。建立和规范企业信用信息发布制度,制定严重违法企业名单管理办法,把创业主体信用与市场准入、享受优惠政策挂钩,完善以信用管理为基础的创业创新监管模式。

(二)深化商事制度改革。加快实施工商营业执照、组织机构代码证、税务登记证"三证合一"、"一照一码",落实"先照后证"改革,推进全程电子化登记和电子营业执照应用。支持各地结合实际放宽新注册企业场所登记条件限制,推动"一址多照"、集群注册等住所登记改革,为创业创新提供便利的工商登记服务。建立市场准入等负面清单,破除不合理的行业准入限制。开展企业简易注销试点,建立便捷的市场退出机制。依托企业信用信息公示系统建立小微企业名录,增强创业企业信息透明度。

(三)加强创业知识产权保护。研究商业模式等新形态创新成果的知识产权保护办法。积极推进知识产权交易,加快建立全国知识产权运营公共服务平台。完善知识产权快速维权与维权援助机制,缩短确权审查、侵权处理周期。集中查处一批侵犯知识产权的大案要案,加大对反复侵权、恶意侵权等行为的处罚力度,探索实施惩罚性赔偿制度。完善权利人维权机制,合理划分权利人举证责任,完善行政调解等非诉讼纠纷解决途径。

(四)健全创业人才培养与流动机制。把创业精神培育和创业素质教育纳入国民教育体系,实现全社会创业教育和培训制度化、体系化。加快完善创业课程设置,加强创业实训体系建设。加强创业创新知识普及教育,使大众创业、万众创新深入人心。加强创业导师队伍建设,提高创业服务水平。加快推进社会保障制度改革,破除人才自由流动制度障碍,实现党政机关、企事业单位、社会各方面人才顺畅流动。加快建立创业创新绩效评价机制,让一批富有创业精神、勇于承担风险的人才脱颖而出。

四、优化财税政策,强化创业扶持

(五)加大财政资金支持和统筹力度。各级财政要根据创业创新需要,统筹安排各类支持小微企业和创业创新的资金,加大对创业创新支持力度,强化资金预算执行和监管,加强资金使用绩效评价。支持有条件的地方政府设立创业基金,扶持创业创新发展。在确保公平竞争前提下,鼓励对众创空间等孵化机构的办公用房、用水、用能、网络等软硬件设施给予适当优惠,减轻创业者负担。

(六)完善普惠性税收措施。落实扶持小微企业发展的各项税收优惠政策。落实科技企业孵化器、大学科技园、研发费用加计扣除、固定资产加速折旧等税收优惠政策。对符合条件的众创空间等新型孵化机构适用科技企业孵化器税收优惠政策。按照税制改革方向和要求,对包括天使投资在内的投向种子期、初创期等创新活动的投资,统筹研究相关税收支持政策。修订完善高新技术企业认定办法,完善创业投资企业享受70%应纳税所得额税收抵免政策。抓紧推广中关村国家自主创新示范区税收试点政策,将企业转增股本分期缴纳个人所得税试点政策、股权奖励分期缴纳个人所得税试点政策推广至全国范围。落实促进高校毕业生、残疾人、退役军人、登记失业人员等创业就业税收政策。

(七)发挥政府采购支持作用。完善促进中小企业发展的政府采购政策,加强对采购单位的政策指导和监督检查,督促采购单位改进采购计划编制和项目预留管理,增强政策对小微企业发展的支持效果。加大创新产品和服务的采购力度,把政府采购与支持创业发展紧密结合起来。

五、搞活金融市场,实现便捷融资

(八)优化资本市场。支持符合条件的创业企业上市或发行票据融资,并鼓励创业企业通过债券市场筹集资金。积极研究尚未盈利的互联网和高新技术企业到创业板发行上市制度,推动在上海证券交易所建立战略新兴产业板。加快推进全国中小企业股份转让系统向创业板转板试点。研究清除特殊股权结构类创业企业在境内上市的制度性障碍，完善资本市场规则。规范发展服务于中小微企业的区域性股权市场，推动建立工商登记部门与区域性股权市场的股权登记对接机制，支持股权质押融资。支持符合条件的发行主体发行小微企业增信集合债等企业债券创新品种。

（九）创新银行支持方式。鼓励银行提高针对创业创新企业的金融服务专业化水平，不断创新组织架构、管理方式和金融产品。推动银行与其他金融机构加强合作，对创业创新活动给予有针对性的股权和债权融资支持。鼓励银行业金融机构向创业企业提供结算、融资、理财、咨询等一站式系统化的金融服务。

（十）丰富创业融资新模式。支持互联网金融发展，引导和鼓励众筹融资平台规范发展，开展公开、小额股权众筹融资试点，加强风险控制和规范管理。丰富完善创业担保贷款政策。支持保险资金参与创业创新，发展相互保险等新业务。完善知识产权估值、质押和流转体系，依法合规推动知识产权质押融资、专利许可费收益权证券化、专利保险等服务常态化、规模化发展，支持知识产权金融发展。

六、扩大创业投资，支持创业起步成长

（十一）建立和完善创业投资引导机制。不断扩大社会资本参与新兴产业创投计划参股基金规模，做大直接融资平台，引导创业投资更多向创业企业起步成长的前端延伸。不断完善新兴产业创业投资政策体系、制度体系、融资体系、监管和预警体系，加快建立考核评价体系。加快设立国家新兴产业创业投资引导基金和国家中小企业发展基金，逐步建立支持创业创新和新兴产业发展的市场化长效运行机制。发展联合投资等新模式，探索建立风险补偿机制。鼓励各地方政府建立和完善创业投资引导基金。加强创业投资立法，完善促进天使投资的政策法规。促进国家新兴产业创业投资引导基金、科技型中小企业创业投资引导基金、国家科技成果转化引导基金、国家中小企业发展基金等协同联动。推进创业投资行业协会建设，加强行业自律。

（十二）拓宽创业投资资金供给渠道。加快实施新兴产业“双创”三年行动计划，建立一批新兴产业“双创”示范基地，引导社会资金支持大众创业。推动商业银行在依法合规、风险隔离的前提下，与创业投资机构建立市场化长期性合作。进一步降低商业保险资金进入创业投资的门槛。推动发展投贷联动、投保联动、投债联动等新模式，不断加大对创业创新企业的融资支持。

（十三）发展国有资本创业投资。研究制定鼓励国有资本参与创业投资的系统性政策措施，完善国有创业投资机构激励约束机制、监督管理机制。引导和鼓励中央企业和其他国有企业参与新兴产业创业投资基金、设立国有资本创业投资基金等，充分发挥国有资本在创业创新中的作用。研究完善国有创业投资机构国有股转持豁免政策。

（十四）推动创业投资“引进来”与“走出去”。抓紧修订外商投资创业投资企业相关管理规定，按照内外资一致的管理原则，放宽外商投资准入，完善外资创业投资机构管理制度，简化管理流程，鼓励外资开展创业投资业务。放宽对外资创业投资基金的投资限制，鼓励中外合资创业投资机构发展。引导和鼓励创业投资机构加大对境外高端研发项目的投资，积极分享境外高端技术成果。按投资领域、用途、募集资金规模，完善创业投资境外投资管理。

七、发展创业服务，构建创业生态

（十五）加快发展创业孵化服务。大力发展创新工场、车库咖啡等新型孵化器，做大做强众创空间，完善创业孵化服务。引导和鼓励各类创业孵化器与天使投资、创业投资相结合，完善投融资模式。引导和推动创业孵化与高校、科研院所等技术成果转移相结合，完善技术支撑服务。引导和鼓励国内资本与境外合作设立新型创业孵化平台，引进境外先进创业孵化模式，提升孵化能力。

（十六）大力发展第三方专业服务。加快发展企业管理、财务咨询、市场营销、人力资源、法律顾问、知识产权、检验检测、现代物流等第三方专业化服务，不断丰富和完善创业服务。

（十七）发展“互联网+”创业服务。加快发展“互联网+”创业网络体系，建设一批小微企业创业创新基地，促进创业与创新、创业与就业、线上与线下相结合，降低全社会创业门槛和成本。加强政府数据开放共享，推动大型互联网企业和基础电信企业向创业者开放计算、存储和数据资源。积极推广众包、用户参与设计、云设计等新型研发组织模式和创业创新模式。

（十八）研究探索创业券、创新券等公共服务新模式。有条件的地方继续探索通过创业券、创新券等方式对创业者和创新企业提供社会培训、管理咨询、检验检测、软件开发、研发设计等服务，建立和规范相关管理制度和运行机制，逐步形成可复制、可推广的经验。

八、建设创业创新平台，增强支撑作用

（十九）打造创业创新公共平台。加强创业创新信息资源整合，建立创业政策集中发布平台，完善专业化、网络化服务体系，增强创业创新信息透明度。鼓励开展各类公益讲坛、创业论坛、创业培训等活动，丰富创业平台形式和内容。支持各类创业创新大赛，定期办好中国创新创业大赛、中国农业科技创新创业大赛和创新挑战大赛等赛事。加强和完善中小企业公共服务平台网络建设。充分发挥企业的创新主体作用，鼓励和支持有条件的大型企业发展创业平台、投资并购小微企业等，支持企业内外部创业者创业，增强企业创业创新活力。为创业失败者再创业建立必要的指导和援助机制，不断增强创业信心和创业能力。加快建立创业企业、天使投资、创业投资统计指标体系，规范统计口径和调查方法，加强监测和分析。

（二十）用好创业创新技术平台。建立科技基础设施、大型科研仪器和专利信息资源向全社会开放的长效机制。完善国家重点实验室等国家级科研平台（基地）向社会开放机制,为大众创业、万众创新提供有力支撑。鼓励企业建立一批专业化、市场化的技术转移平台。鼓励依托三维(3D)打印、网络制造等先进技术和发展模式,开展面向创业者的社会化服务。引导和支持有条件的领军企业创建特色服务平台,面向企业内部和外部创业者提供资金、技术和服务支撑。加快建立军民两用技术项目实施、信息交互和标准化协调机制,促进军民创新资源融合。

(二十一)发展创业创新区域平台。支持开展全面创新改革试验的省(区、市)、国家综合配套改革试验区等,依托改革试验平台在创业创新体制机制改革方面积极探索,发挥示范和带动作用,为创业创新制度体系建设提供可复制、可推广的经验。依托自由贸易试验区、国家自主创新示范区、战略性新兴产业集聚区等创业创新资源密集区域,打造若干具有全球影响力的创业创新中心。引导和鼓励创业创新型城市完善环境,推动区域集聚发展。推动实施小微企业创业基地城市示范。鼓励有条件的地方出台各具特色的支持政策,积极盘活闲置的商业用房、工业厂房、企业库房、物流设施和家庭住所、租赁房等资源,为创业者提供低成本办公场所和居住条件。

九、激发创造活力,发展创新型创业

(二十二)支持科研人员创业。加快落实高校、科研院所等专业技术人员离岗创业政策,经同意离岗的可在3年内保留人事关系,建立健全科研人员双向流动机制。进一步完善创新型中小企业上市股权激励和员工持股计划制度规则。鼓励符合条件的企业按照有关规定,通过股权、期权、分红等激励方式,调动科研人员创业积极性。支持鼓励学会、协会、研究会等科技社团为科技人员和创业企业提供咨询服务。

(二十三)支持大学生创业。深入实施大学生创业引领计划,整合发展高校毕业生就业创业基金。引导和鼓励高校统筹资源,抓紧落实大学生创业指导服务机构、人员、场地、经费等。引导和鼓励成功创业者、知名企业家、天使和创业投资人、专家学者等担任兼职创业导师，提供包括创业方案、创业渠道等创业辅导。建立健全弹性学制管理办法，支持大学生保留学籍休学创业。

（二十四）支持境外人才来华创业。发挥留学回国人才特别是领军人才、高端人才的创业引领带动作用。继续推进人力资源市场对外开放，建立和完善境外高端创业创新人才引进机制。进一步放宽外籍高端人才来华创业办理签证、永久居留证等条件，简化开办企业审批流程，探索由事前审批调整为事后备案。引导和鼓励地方对回国创业高端人才和境外高端人才来华创办高科技企业给予一次性创业启动资金，在配偶就业、子女入学、医疗、住房、社会保障等方面完善相关措施。加强海外科技人才离岸创业基地建设，把更多的国外创业创新资源引入国内。

十、拓展城乡创业渠道，实现创业带动就业

（二十五）支持电子商务向基层延伸。引导和鼓励集办公服务、投融资支持、创业辅导、渠道开拓于一体的市场化网商创业平台发展。鼓励龙头企业结合乡村特点建立电子商务交易服务平台、商品集散平台和物流中心，推动农村依托互联网创业。鼓励电子商务第三方交易平台渠道下沉，带动城乡基层创业人员依托其平台和经营网络开展创业。完善有利于中小网商发展的相关措施，在风险可控、商业可持续的前提下支持发展面向中小网商的融资贷款业务。

（二十六）支持返乡创业集聚发展。结合城乡区域特点，建立有市场竞争力的协作创业模式，形成各具特色的返乡人员创业联盟。引导返乡创业人员融入特色专业市场，打造具有区域特点的创业集群和优势产业集群。深入实施农村青年创业富民行动，支持返乡创业人员因地制宜围绕休闲农业、农产品深加工、乡村旅游、农村服务业等开展创业，完善家庭农场等新型农业经营主体发展环境。

（二十七）完善基层创业支撑服务。加强城乡基层创业人员社保、住房、教育、医疗等公共服务体系建设,完善跨区域创业转移接续制度。健全职业技能培训体系,加强远程公益创业培训,提升基层创业人员创业能力。引导和鼓励中小金融机构开展面向基层创业创新的金融产品创新,发挥社区地理和软环境优势,支持社区创业者创业。引导和鼓励行业龙头企业、大型物流企业发挥优势,拓展乡村信息资源、物流仓储等技术和服务网络,为基层创业提供支撑。

十一、加强统筹协调,完善协同机制

(二十八)加强组织领导。建立由发展改革委牵头的推进大众创业万众创新部际联席会议制度,加强顶层设计和统筹协调。各地区、各部门要立足改革创新,坚持需求导向,从根本上解决创业创新中面临的各种体制机制问题,共同推进大众创业、万众创新蓬勃发展。重大事项要及时向国务院报告。

(二十九)加强政策协调联动。建立部门之间、部门与地方之间政策协调联动机制,形成强大合力。各地区、各部门要系统梳理已发布的有关支持创业创新发展的各项政策措施,抓紧推进"立、改、废"工作,将对初创企业的扶持方式从选拔式、分配式向普惠式、引领式转变。建立健全创业创新政策协调审查制度,增强政策普惠性、连贯性和协同性。

(三十)加强政策落实情况督查。加快建立推进大众创业、万众创新有关普惠性政策措施落实情况督查督导机制,建立和完善政策执行评估体系和通报制度,全力打通决策部署的"最先一公里"和政策落实的"最后一公里",确保各项政策措施落地生根。

各地区、各部门要进一步统一思想认识,高度重视、认真落实本意见的各项要求,结合本地区、本部门实际明确任务分工、落实工作责任,主动作为、敢于担当,积极研究解决新问题,及时总结推广经验做法,加大宣传力度,加强舆论引导,推动本意见确定的各项政策措施落实到位,不断拓展大众创业、万众创新的空间,汇聚经济社会发展新动能，促进我国经济保持中高速增长、迈向中高端水平。

国务院

2015 年 6 月 11 日

国务院关于中国保险投资基金设立方案的批复

（国函〔2015〕104 号）

保监会：

《中国保监会关于申请批准〈中国保险投资基金设立方案〉的请示》（保监发〔2015〕58 号）收悉。现批复如下：

原则同意《中国保险投资基金设立方案》。设立中国保险投资基金，是发挥保险资金长期投资优势，对接国家重大战略和市场需求，主要投向基础设施建设，带动社会有效投资，支持实体经济发展，打造增加公共产品和公共服务新引擎的重要举措。保监会要会同相关部门，加强沟通协调和监督指导，认真做好基金筹建、监管等各项工作，抓紧组织落实。

附件：中国保险投资基金设立方案

国务院

2015 年 6 月 29 日

（此件公开发布）

附件

中国保险投资基金设立方案

为贯彻落实《国务院关于加快发展现代保险服务业的若干意见》(国发〔2014〕29号)精神,进一步发挥保险资金在国家投资和增加公共产品、公共服务中的重要作用,服务实体经济发展,促进经济提质增效升级,设立有限合伙制的中国保险投资基金(以下简称"基金")。

一、总体思路

一是坚持适应保险资金配置规律和实际需要,有效解决现实问题,用好用活保险资金,促进保险资金更好地服务实体经济发展。二是坚持服务国家经济发展战略,适应国家宏观政策需要,利用保险资金优势,创新资金运用方式,发挥投资对稳定增长的关键作用,支持国家重大战略。三是坚持市场化专业化运作,遵循法律法规和市场规律,按照市场化机制,自主投资、自负盈亏,强化专业运作,明确风险责任,充分发挥市场在资源配置中的决定性作用。

二、基金定位

基金是主要由保险机构依法设立,发挥保险行业长期资金优势的战略性、主动性、综合性投资平台。一是作为直接投资基金,满足国家经济战略、混合所有制改革等产生的市场需求。二是作为母基金,对接国内外各类投资基金,特别是有政府参与、投资领域类似的其他投资基金。

基金运作遵循安全性、收益性、流动性原则,坚持商业可持续发展,发挥市场在资源配置中的决定性作用,落实国家经济发展战略,扩大重大项目资本金来源和直接融资规模,提升资金运用效率。

三、组织形式

基金采用有限合伙制，设 1 名普通合伙人和若干有限合伙人。保险资产管理公司等机构出资设立中保投资有限责任公司（以下简称“中保投资公司”）。中保投资公司担任普通合伙人，负责基金设立、募集和管理。中保投资公司以社会资本为主，股权分散，不形成控股股东，遵守合伙企业法关于国有独资公司、国有企业不得成为普通合伙人的规定。有限合伙人由保险机构等合格投资者担任。基金设立、募集和管理遵循法律法规规定和市场规则。

四、基金规模

基金总规模预计为 3 000 亿元。首期 1 000 亿元，存续期限 5 ~ 10 年，投资期后可发起设立后续基金。初期从整合现有保险资金投资项目入手，新项目融资实行分期募集。基金存续期间，有限合伙人可以向其他合格机构投资者转让基金份额实现退出。

基金主要向保险机构募集，保险机构出资不低于基金总规模的 80%。基金募集采用认缴制，认缴资金根据实际投资进度实缴到位。基金募集遵循市场化原则，向投资者充分披露信息并提示风险，投资者自主判断投资价值和风险，自行决策出资。基金根据投资需要，可按照法律法规等规定向有关金融机构融资。

五、投资范围

基金紧密围绕国家产业政策和发展战略开展投资，主要投向“一带一路”、京津冀协同发展、长江经济带等战略项目，拉动力强、社会经济效益好的棚户区改造、城市基础设施、重大水利工程、中西部交通设施、新型城镇化等基础设施建设，国际产能合作和“走出去”重大项目等。基金和中保投资公司应在协议和章程中明确直接投资基础设施建设的最低比例。在此基础上，基金可投资于战略性新兴产业、现代物流、健康养老、能源资源、信息科技、绿色环保、中小微企业等领域。

基金投资形式主要包括上市和非上市股权、优先股、债权、资产证券化产品,以及股权基金、并购基金、夹层基金等各类投资基金。

六、基金管理

基金根据合伙企业法设立,组建合伙人大会和投资顾问委员会,健全运行机制。中保投资公司根据公司法规定,设立股东会、董事会和监事会,建立现代企业制度。按市场化方式组建管理团队,或聘请专业管理机构进行基金管理,并建立有效激励约束机制。

基金投资具体项目,遵循依法合规、平等协商、互惠互利原则进行选择和决策,交易结构和收益安排应当既有利于支持国家重大项目建设,也有利于调动参与主体积极性,防范投资风险。基金可设立专项子基金,开展特定领域投资,提高管理运行效率。基金与子基金之间应合理配置管理资源,建立有效风险隔离机制。

七、退出机制

基金以股权方式投资的,采取公开上市、"新三板"挂牌、股权转让、股权回购、股权置换等方式退出;以债权方式投资的,应当明确投资期限和增信安排,按投资协议约定到期退出;以优先股或夹层基金等方式投资的,应明确股权回购、股权转让等退出方式。基金应当按照有关规定和市场化原则,与项目方约定发生重大不利情形的退出方式,保障基金资产安全。

八、监督管理

保监会牵头组织筹建基金,制定相关规则,依法对基金设立、运营等进行监督管理,防范基金运作风险,并在偿付能力监管政策等方面给予适当支持。建立基金与国家宏观管理部门的项目信息沟通机制,主要提供服务,不得干预基金投资决策。

中国人民银行　工业和信息化部　公安部　财政部　工商总局　法制办　银监会　证监会　保监会　国家互联网信息办公室关于促进互联网金融健康发展的指导意见

互联网技术、信息通信技术不断取得突破,推动互联网与金融快速融合,促进了金融创新,提高了金融资源配置效率,但也存在一些问题和风险隐患。为全面贯彻落实党的十八大和十八届二中、三中、四中全会精神,按照党中央、国务院决策部署,遵循“鼓励创新、防范风险、趋利避害、健康发展”的总体要求,从金融业健康发展全局出发,进一步推进金融改革创新和对外开放,促进互联网金融健康发展,经党中央、国务院同意,现提出以下意见。

一、鼓励创新,支持互联网金融稳步发展

互联网金融是传统金融机构与互联网企业(以下统称“从业机构”)利用互联网技术和信息通信技术实现资金融通、支付、投资和信息中介服务的新型金融业务模式。互联网与金融深度融合是大势所趋,将对金融产品、业务、组织和服务等方面产生更加深刻的影响。互联网金融对促进小微企业发展和扩大就业发挥了现有金融机构难以替代的积极作用,为大众创业、万众创新打开了大门。促进互联网金融健康发展,有利于提升金融服务质量和效率,深化金融改革,促进金融创新发展,扩大金融业对内对外开放,构建多层次金融体系。作为新生事物,互联网金融既需要市场驱动,鼓励创新,也需要政策助力,促进发展。

(一)积极鼓励互联网金融平台、产品和服务创新,激发市场活力。鼓励银行、证券、保险、基金、信托和消费金融等金融机构依托互联网技术,实现传统金融业务与服务转型升级,积极开发基于互联网技术的新产品和新服务。支持有条件的金融机构建设创新型互联网平台开展网络银行、网络证券、网络保险、网络基金销售和网络消费金融等业务。支持互联网企业依法合规设立互联网支付机构、网络借贷平台、股权众筹融资平台、网络金融产品销售平台,建立服务实体经济的多层次金融服务体系,更好地满足中小微企业和个人投融资需求,进一步拓展普惠金融的广度和深度。鼓励电子商务企业在符合金融法律法规规定的条件下自建和完善线上金融服务体系,有效拓展电商供应链业务。鼓励从业机构积极开展产品、服务、技术和管理创新,提升从业机构核心竞争力。

(二)鼓励从业机构相互合作,实现优势互补。支持各类金融机构与互联网企业开展合作,建立良好的互联网金融生态环境和产业链。鼓励银行业金融机构开展业务创新,为第三方支付机构和网络贷款平台等提供资金存管、支付清算等配套服务。支持小微金融服务机构与互联网企业开展业务合作,实现商业模式创新。支持证券、基金、信托、消费金融、期货机构与互联网企业开展合作,拓宽金融产品销售渠道,创新财富管理模式。鼓励保险公司与互联网企业合作,提升互联网金融企业风险抵御能力。

(三)拓宽从业机构融资渠道,改善融资环境。支持社会资本发起设立互联网金融产业投资基金,推动从业机构与创业投资机构、产业投资基金深度合作。鼓励符合条件的优质从业机构在主板、创业板等境内资本市场上市融资。鼓励银行业金融机构按照支持小微企业发展的各项金融政策,对处于初创期的从业机构予以支持。针对互联网企业特点,创新金融产品和服务。

(四)坚持简政放权,提供优质服务。各金融监管部门要积极支持金融机构开展互联网金融业务。按照法律法规规定,对符合条件的互联网企业开展相关金融业务实施高效管理。工商行政管理部门要支持互联网企业依法办理工商注册登记。电信主管部门、国家互联网信息管理部门要积极支持互联网金融业务,电信主管部门对互联网金融业务涉及的电信业务进行监管,国家互联网信息管理部门负责对金融信息服务、互联网信息内容等业务进行监管。积极开展互联网金融领域立法研究，适时出台相关管理规章，营造有利于互联网金融发展的良好制度环境。加大对从业机构专利、商标等知识产权的保护力度。鼓励省级人民政府加大对互联网金融的政策支持。支持设立专业化互联网金融研究机构，鼓励建设互联网金融信息交流平台，积极开展互联网金融研究。

（五）落实和完善有关财税政策。按照税收公平原则，对于业务规模较小、处于初创期的从业机构，符合我国现行对中小企业特别是小微企业税收政策条件的，可按规定享受税收优惠政策。结合金融业营业税改征增值税改革，统筹完善互联网金融税收政策。落实从业机构新技术、新产品研发费用税前加计扣除政策。

（六）推动信用基础设施建设，培育互联网金融配套服务体系。支持大数据存储、网络与信息安全维护等技术领域基础设施建设。鼓励从业机构依法建立信用信息共享平台。推动符合条件的相关从业机构接入金融信用信息基础数据库。允许有条件的从业机构依法申请征信业务许可。支持具备资质的信用中介组织开展互联网企业信用评级，增强市场信息透明度。鼓励会计、审计、法律、咨询等中介服务机构为互联网企业提供相关专业服务。

二、分类指导，明确互联网金融监管责任

互联网金融本质仍属于金融，没有改变金融风险隐蔽性、传染性、广泛性和突发性的特点。加强互联网金融监管，是促进互联网金融健康发展的内在要求。同时，互联网金融是新生事物和新兴业态，要制定适度宽松的监管政策，为互联网金融创新留有余地和空间。通过鼓励创新和加强监管相互支撑，促进互联网金融健康发展，更好地服务实体经济。互联网金融监管应遵循“依法监管、适度监管、分类监管、协同监管、创新监管”的原则，科学合理界定各业态的业务边界及准入条件，落实监管责任，明确风险底线，保护合法经营，坚决打击违法和违规行为。

(七)互联网支付。互联网支付是指通过计算机、手机等设备,依托互联网发起支付指令、转移货币资金的服务。互联网支付应始终坚持服务电子商务发展和为社会提供小额、快捷、便民小微支付服务的宗旨。银行业金融机构和第三方支付机构从事互联网支付,应遵守现行法律法规和监管规定。第三方支付机构与其他机构开展合作的,应清晰界定各方的权利义务关系,建立有效的风险隔离机制和客户权益保障机制。要向客户充分披露服务信息,清晰地提示业务风险,不得夸大支付服务中介的性质和职能。互联网支付业务由人民银行负责监管。

(八)网络借贷。网络借贷包括个体网络借贷(即 P2P 网络借贷)和网络小额贷款。个体网络借贷是指个体和个体之间通过互联网平台实现的直接借贷。在个体网络借贷平台上发生的直接借贷行为属于民间借贷范畴,受合同法、民法通则等法律法规以及最高人民法院相关司法解释规范。个体网络借贷要坚持平台功能,为投资方和融资方提供信息交互、撮合、资信评估等中介服务。个体网络借贷机构要明确信息中介性质,主要为借贷双方的直接借贷提供信息服务,不得提供增信服务,不得非法集资。网络小额贷款是指互联网企业通过其控制的小额贷款公司,利用互联网向客户提供的小额贷款。网络小额贷款应遵守现有小额贷款公司监管规定,发挥网络贷款优势,努力降低客户融资成本。网络借贷业务由银监会负责监管。

(九)股权众筹融资。股权众筹融资主要是指通过互联网形式进行公开小额股权融资的活动。股权众筹融资必须通过股权众筹融资中介机构平台(互联网网站或其他类似的电子媒介)进行。股权众筹融资中介机构可以在符合法律法规规定前提下,对业务模式进行创新探索,发挥股权众筹融资作为多层次资本市场有机组成部分的作用,更好地服务创新创业企业。股权众筹融资方应为小微企业,应通过股权众筹融资中介机构向投资人如实披露企业的商业模式、经营管理、财务、资金使用等关键信息,不得误导或欺诈投资者。投资者应当充分了解股权众筹融资活动风险,具备相应风险承受能力,进行小额投资。股权众筹融资业务由证监会负责监管。

(十)互联网基金销售。基金销售机构与其他机构通过互联网合作销售基金等理财产品的,要切实履行风险披露义务,不得通过违规承诺收益方式吸引客户;基金管理人应当采取有效措施防范资产配置中的期限错配和流动性风险;基金销售机构及其合作机构通过其他活动为投资人提供收益的,应当对收益构成、先决条件、适用情形等进行全面、真实、准确表述和列示,不得与基金产品收益混同。第三方支付机构在开展基金互联网销售支付服务过程中,应当遵守人民银行、证监会关于客户备付金及基金销售结算资金的相关监管要求。第三方支付机构的客户备付金只能用于办理客户委托的支付业务,不得用于垫付基金和其他理财产品的资金赎回。互联网基金销售业务由证监会负责监管。

(十一)互联网保险。保险公司开展互联网保险业务,应遵循安全性、保密性和稳定性原则,加强风险管理,完善内控系统,确保交易安全、信息安全和资金安全。专业互联网保险公司应当坚持服务互联网经济活动的基本定位,提供有针对性的保险服务。保险公司应建立对所属电子商务公司等非保险类子公司的管理制度,建立必要的防火墙。保险公司通过互联网销售保险产品,不得进行不实陈述、片面或夸大宣传过往业绩、违规承诺收益或者承担损失等误导性描述。互联网保险业务由保监会负责监管。

(十二)互联网信托和互联网消费金融。信托公司、消费金融公司通过互联网开展业务的,要严格遵循监管规定,加强风险管理,确保交易合法合规,并保守客户信息。信托公司通过互联网进行产品销售及开展其他信托业务的,要遵守合格投资者等监管规定,审慎甄别客户身份和评估客户风险承受能力,不能将产品销售给与风险承受能力不相匹配的客户。信托公司与消费金融公司要制定完善产品文件签署制度,保证交易过程合法合规,安全规范。互联网信托业务、互联网消费金融业务由银监会负责监管。

三、健全制度,规范互联网金融市场秩序

发展互联网金融要以市场为导向,遵循服务实体经济、服从宏观调控和维护金融稳定的总体目标,切实保障消费者合法权益,维护公平竞争的市场秩序。要细化管理制度,为互联网金融健康发展营造良好环境。

(十三)互联网行业管理。任何组织和个人开设网站从事互联网金融业务的,除应按规定履行相关金融监管程序外,还应依法向电信主管部门履行网站备案手续,否则不得开展互联网金融业务。工业和信息化部负责对互联网金融业务涉及的电信业务进行监管,国家互联网信息办公室负责对金融信息服务、互联网信息内容等业务进行监管,两部门按职责制定相关监管细则。

(十四)客户资金第三方存管制度。除另有规定外,从业机构应当选择符合条件的银行业金融机构作为资金存管机构,对客户资金进行管理和监督,实现客户资金与从业机构自身资金分账管理。客户资金存管账户应接受独立审计并向客户公开审计结果。人民银行会同金融监管部门按照职责分工实施监管,并制定相关监管细则。

(十五)信息披露、风险提示和合格投资者制度。从业机构应当对客户进行充分的信息披露,及时向投资者公布其经营活动和财务状况的相关信息,以便投资者充分了解从业机构运作状况,促使从业机构稳健经营和控制风险。从业机构应当向各参与方详细说明交易模式、参与方的权利和义务,并进行充分的风险提示。要研究建立互联网金融的合格投资者制度,提升投资者保护水平。有关部门按照职责分工负责监管。

(十六)消费者权益保护。研究制定互联网金融消费者教育规划,及时发布维权提示。加强互联网金融产品合同内容、免责条款规定等与消费者利益相关的信息披露工作,依法监督处理经营者利用合同格式条款侵害消费者合法权益的违法、违规行为。构建在线争议解决、现场接待受理、监管部门受理投诉、第三方调解以及仲裁、诉讼等多元化纠纷解决机制。细化完善互联网金融个人信息保护的原则、标准和操作流程。严禁网络销售金融产品过程中的不实宣传、强制捆绑销售。人民银行、银监会、证监会、保监会会同有关行政执法部门,根据职责分工依法开展互联网金融领域消费者和投资者权益保护工作。

(十七)网络与信息安全。从业机构应当切实提升技术安全水平,妥善保管客户资料和交易信息,不得非法买卖、泄露客户个人信息。人民银行、银监会、证监会、保监会、工业和信息化部、公安部、国家互联网信息办公室分别负责对相关从业机构的网络与信息安全保障进行监管,并制定相关监管细则和技术安全标准。

(十八)反洗钱和防范金融犯罪。从业机构应当采取有效措施识别客户身份,主动监测并报告可疑交易,妥善保存客户资料和交易记录。从业机构有义务按照有关规定,建立健全有关协助查询、冻结的规章制度,协助公安机关和司法机关依法、及时查询、冻结涉案财产,配合公安机关和司法机关做好取证和执行工作。坚决打击涉及非法集资等的互联网金融犯罪,防范金融风险,维护金融秩序。金融机构在和互联网企业开展合作、代理时应根据有关法律和规定签订包括反洗钱和防范金融犯罪要求的合作、代理协议,并确保不因合作、代理关系而降低反洗钱和金融犯罪执行标准。人民银行牵头负责对从业机构履行反洗钱义务进行监管,并制定相关监管细则。打击互联网金融犯罪工作由公安部牵头负责。

(十九)加强互联网金融行业自律。充分发挥行业自律机制在规范从业机构市场行为和保护行业合法权益等方面的积极作用。人民银行会同有关部门,组建中国互联网金融协会。协会要按业务类型,制订经营管理规则和行业标准,推动机构之间的业务交流和信息共享。协会要明确自律惩戒机制,提高行业规则和标准的约束力。强化守法、诚信、自律意识,树立从业机构服务经济社会发展的正面形象,营造诚信规范发展的良好氛围。

(二十)监管协调与数据统计监测。各监管部门要相互协作、形成合力,充分发挥金融监管协调部际联席会议制度的作用。人民银行、银监会、证监会、保监会应当密切关注互联网金融业务发展及相关风险,对监管政策进行跟踪评估,适时提出调整建议,不断总结监管经验。财政部负责制定互联网金融从业机构财务监管政策。人民银行会同有关部门,负责建立和完善互联网金融数据统计监测体系,相关部门按照监管职责分工负责相关互联网金融数据统计和监测工作,并实现统计数据和信息共享。

人民银行　工业和信息化部
公安部　财政部
工商总局　法制办
银监会　证监会
保监会　国家互联网信息办公室
2015 年 7 月 14 日

国务院关于印发基本养老保险基金投资管理办法的通知

(国发〔2015〕48 号)

各省、自治区、直辖市人民政府,国务院各部委、各直属机构:

现将《基本养老保险基金投资管理办法》印发给你们,请认真贯彻执行。

国务院
2015 年 8 月 17 日

(此件公开发布)

基本养老保险基金投资管理办法

第一章 总 则

第一条 为了规范基本养老保险基金投资管理行为，保护基金委托人及相关当事人的合法权益，根据社会保险法、劳动法、证券投资基金法、信托法、合同法等法律法规和国务院有关规定，制定本办法。

第二条 本办法所称基本养老保险基金（以下简称“养老基金”），包括企业职工、机关事业单位工作人员和城乡居民养老基金。

第三条 各省、自治区、直辖市养老基金结余额，可按照本办法规定，预留一定支付费用后，确定具体投资额度，委托给国务院授权的机构进行投资运营。委托投资的资金额度、划出和划回等事项，要向人力资源社会保障部、财政部报告。

第四条 养老基金投资应当坚持市场化、多元化、专业化的原则，确保资产安全，实现保值增值。

第五条 养老基金投资委托人（以下简称“委托人”）与养老基金投资受托机构（以下简称“受托机构”）签订委托投资合同，受托机构与养老基金托管机构（以下简称“托管机构”）签订托管合同、与养老基金投资管理机构（以下简称“投资管理机构”）签订投资管理合同。委托人、受托机构、托管机构、投资管理机构的权利义务，依照本办法在养老基金委托投资合同、托管合同和投资管理合同中约定。

第六条 养老基金资产独立于委托人、受托机构、托管机构、投资管理机构的固有财产及其管理的其他财产。委托人、受托机构、托管机构、投资管理机构不得将养老基金资产归入其固有财产。

第七条 委托人、受托机构、托管机构、投资管理机构因养老基金资产的管理、运营或者其他情形取得的财产和收益归入养老基金资产，权益归养老基金所有。

第八条　受托机构、托管机构、投资管理机构和其他为养老基金投资管理提供服务的法人或者其他组织因依法解散、被依法撤销或者被依法宣告破产等原因进行清算的,基金资产不属于其清算财产。

第九条　养老基金资产的债权,不得与委托人、受托机构、托管机构、投资管理机构和其他为养老基金投资管理提供服务的自然人、法人或者其他组织固有财产的债务相互抵销;养老基金不同投资组合基金资产的债权债务,不得相互抵销。

第十条　养老基金资产的债务由基金资产本身承担。非因养老基金资产本身承担的债务,不得对基金资产强制执行。

第十一条　养老基金投资按照国家规定享受税收优惠。具体办法由财政部会同有关部门另行制定。

第十二条　国家对养老基金投资实行严格监管。养老基金投资应当严格遵守相关法律法规,严禁从事内幕交易、利用未公开信息交易、操纵市场等违法行为,严禁通过关联交易等损害养老基金及他人利益、获取不正当利益。任何组织和个人不得贪污、侵占、挪用投资运营的养老基金。

第二章　委　托　人

第十三条　省、自治区、直辖市人民政府作为养老基金委托投资的委托人,可指定省级社会保险行政部门、财政部门承办具体事务。

第十四条　委托人应当履行下列职责:

(一)制定养老基金归集办法,将投资运营的养老基金归集到省级社会保障基金财政专户。

(二)与受托机构签订养老基金委托投资合同。

(三)向受托机构划拨委托投资资金;向受托机构下达划回委托投资资金的指令,接收划回的投资资金。

（四）根据受托机构提交的养老基金收益率，进行养老基金的记账、结算和收益分配。

（五）定期汇总养老基金投资管理情况，并以适当方式向社会公布。

（六）国家规定和合同约定的其他职责。

第三章　受托机构

第十五条　本办法所称受托机构，是指国家设立、国务院授权的养老基金管理机构。

第十六条　受托机构应当履行下列职责：

（一）建立健全养老基金受托投资内部管理制度、风险管理制度和绩效评估办法。

（二）选择、监督、更换托管机构、投资管理机构。

（三）制定养老基金投资运营策略并组织实施。

（四）根据委托投资合同接收委托人划拨的委托投资资金；根据委托人通知划出委托投资资金。

（五）接受委托人查询，定期向委托人提交养老基金管理和财务会计报告；发生重大事件时，及时向委托人和有关监管部门报告；定期向国务院有关主管部门提交开展养老基金受托管理业务情况的报告；定期向社会公布养老基金投资情况。

（六）根据托管合同、投资管理合同对养老基金托管、投资情况进行监督。

（七）按照国家规定保存养老基金受托业务活动记录、账册、报表和其他相关资料。

（八）国家规定和合同约定的其他职责。

第十七条　受托机构应当将养老基金单独管理、集中运营、独立核算，可对部分养老基金资产进行直接投资，其他养老基金资产委托其他专业机构投资。

同一个养老基金投资组合，托管机构与投资管理机构不得为同一机构。

第十八条　申请养老基金托管业务、投资管理业务的机构,需向受托机构提交申请。受托机构成立专家评审委员会,参照公开招标的原则对具备条件的养老基金托管业务、投资管理业务申请人进行评审。评审办法及评审结果报国务院有关主管部门备案。

建立健全受托机构、托管机构和投资管理机构竞争机制,不断优化治理结构,提升养老基金投资运营水平。

第十九条　受托机构及其董事(理事)、监事、管理人员和其他从业人员不得有下列行为:

(一)违反与委托人合同约定。

(二)利用养老基金资产或者职务之便谋取不正当利益。

(三)侵占、挪用受托管理的养老基金资产。

(四)泄露因职务便利获取的未公开信息,或者利用该信息从事或明示、暗示他人进行相关的交易活动。

(五)法律、行政法规和国务院有关主管部门规定禁止的其他行为。

第四章　托 管 机 构

第二十条　本办法所称托管机构,是指接受养老基金受托机构委托,具有全国社会保障基金、企业年金基金托管经验,或者具有良好的基金托管业绩和社会信誉,负责安全保管养老基金资产的商业银行。

第二十一条　托管机构应当履行下列职责:

(一)安全保管养老基金资产。

(二)以养老基金名义开设基金资产的资金账户、证券账户和期货账户等。

(三)及时办理清算、交割事宜。

(四)负责养老基金会计核算和估值,复核、审查和确认投资管理机构计算的基金资产净值。

(五)按照规定监督投资管理机构的投资活动,并定期向受托机构报告监督情况。

(六)定期向受托机构提交养老基金托管和财务会计报告;定期向国务院有关主管部门提交开展养老基金托管业务情况的报告。

(七)按照国家规定保存养老基金托管业务活动记录、账册、报表和其他相关资料。

(八)国家规定和合同约定的其他职责。

第二十二条 托管机构发现投资管理机构依据交易程序尚未成立的投资指令违反法律、行政法规、其他有关规定或者合同约定的,应当拒绝执行,立即通知投资管理机构,并及时向受托机构和国务院有关主管部门报告。

托管机构发现投资管理机构依据交易程序已经成立的投资指令违反法律、行政法规、其他有关规定或者合同约定的,应当立即通知投资管理机构,并及时向受托机构和国务院有关主管部门报告。

第二十三条 有下列情形之一的,托管机构职责终止:

(一)违反与受托机构合同约定,情节严重的。

(二)利用养老基金资产为其谋取不正当利益,或者为他人谋取不正当利益的。

(三)依法解散、被依法撤销、被依法宣告破产或者被依法接管的。

(四)受托机构有充分理由认为托管机构应当被终止职责的。

(五)国务院有关主管部门有充分理由和依据认为托管机构应当被终止职责的。

(六)国务院有关主管部门规定和合同约定的其他情形。

第二十四条 托管机构职责终止的,应当妥善保管养老基金托管业务资料,在45日内办理基金托管业务移交手续,新的托管机构应当接收并行使相应职责。

第二十五条 托管机构及其董事、监事、管理人员和其他从业人员不得有下列行为：

（一）将托管的养老基金资产与其固有财产混合管理。

（二）将托管的养老基金资产与托管的其他财产混合管理。

（三）将托管的不同养老基金资产混合管理。

（四）侵占、挪用托管的养老基金资产。

（五）利用养老基金资产或者职务之便为他人谋取不正当利益。

（六）泄露因职务便利获取的未公开信息，或者利用该信息从事或明示、暗示他人进行相关的交易活动。

（七）法律、行政法规和国务院有关主管部门规定禁止的其他行为。

第五章　投资管理机构

第二十六条　本办法所称投资管理机构，是指接受受托机构委托，具有全国社会保障基金、企业年金基金投资管理经验，或者具有良好的资产管理业绩、财务状况和社会信誉，负责养老基金资产投资运营的专业机构。

第二十七条　投资管理机构应当建立良好的内部治理结构，明确股东会、董事会、监事会和高级管理人员的职责权限，确保独立投资运营；应当健全资产配置、风险管理和绩效评估等制度。

投资管理机构及其股东、董事、监事、管理人员和其他从业人员不得从事损害养老基金资产和受托机构利益的证券交易及其他活动；在行使权利或者履行职责时，应当遵循回避原则。

第二十八条　投资管理机构应当履行下列职责：

（一）按照投资管理合同，管理养老基金投资组合和项目。

（二）对所管理的不同养老基金资产分别管理、分别记账。

（三）及时与托管机构核对养老基金会计核算和估值结果。

（四）进行养老基金会计核算，编制养老基金财务会计报告。

（五）按照国家规定保存养老基金投资业务活动记录、账册、报表和其他相关资料。

（六）国家规定和合同约定的其他职责。

第二十九条 投资管理机构从当期收取的管理费中，提取20%作为风险准备金，专项用于弥补委托投资资产出现的投资损失。

第三十条 有下列情形之一的，投资管理机构应当及时向受托机构和国务院有关主管部门报告：

（一）养老基金资产市场价值大幅度波动。

（二）有可能使养老基金资产的价值受到重大影响的其他事项。

（三）国务院有关主管部门规定或者合同约定的其他报告事项。

第三十一条 有下列情形之一的，投资管理机构职责终止：

（一）违反与受托机构合同约定，情节严重的。

（二）利用养老基金资产为其谋取不正当利益，或者为他人谋取不正当利益的。

（三）依法解散、被依法撤销、被依法宣告破产或者被依法接管的。

（四）受托机构有充分理由认为投资管理机构应当被终止职责的。

（五）国务院有关主管部门有充分理由和依据认为投资管理机构应当被终止职责的。

（六）国务院有关主管部门规定和合同约定的其他情形。

第三十二条 投资管理机构职责终止的，应当妥善保管养老基金投资运营业务资料，在45日内办理基金投资运营业务移交手续，新的投资管理机构应当接收并行使相应职责。

第三十三条 投资管理机构及其董事、监事、管理人员和其他从业人员不得有下

列行为:

(一)将其固有财产或者他人财产混同于养老基金资产从事证券投资。

(二)不公平对待养老基金资产与其管理的其他财产。

(三)不公平对待其管理的不同养老基金资产。

(四)利用养老基金资产或者职务之便为他人谋取不正当利益。

(五)向受托机构违规承诺收益或者承担损失。

(六)侵占、挪用养老基金资产。

(七)泄露因职务便利获取的未公开信息,或者利用该信息从事或明示、暗示他人进行相关的交易活动。

(八)从事可能使养老基金资产承担无限责任的投资。

(九)法律、行政法规和国务院有关主管部门规定禁止的其他行为。

第六章 养老基金投资

第三十四条 养老基金限于境内投资。投资范围包括:银行存款,中央银行票据,同业存单;国债,政策性、开发性银行债券,信用等级在投资级以上的金融债、企业(公司)债、地方政府债券、可转换债(含分离交易可转换债)、短期融资券、中期票据、资产支持证券,债券回购;养老金产品,上市流通的证券投资基金,股票,股权,股指期货,国债期货。

第三十五条 国家重大工程和重大项目建设,养老基金可以通过适当方式参与投资。

第三十六条 国有重点企业改制、上市,养老基金可以进行股权投资。范围限定为中央企业及其一级子公司,以及地方具有核心竞争力的行业龙头企业,包括省级财政部门、国有资产管理部门出资的国有或国有控股企业。

第三十七条 养老基金投资比例,按照公允价值计算应当符合下列规定:

（一）投资银行活期存款，一年期以内（含一年）的定期存款，中央银行票据，剩余期限在一年期以内（含一年）的国债，债券回购，货币型养老金产品，货币市场基金的比例，合计不得低于养老基金资产净值的 5%。清算备付金、证券清算款以及一级市场证券申购资金视为流动性资产。

（二）投资一年期以上的银行定期存款、协议存款、同业存单，剩余期限在一年期以上的国债，政策性、开发性银行债券，金融债，企业（公司）债，地方政府债券，可转换债（含分离交易可转换债），短期融资券，中期票据，资产支持证券，固定收益型养老金产品，混合型养老金产品，债券基金的比例，合计不得高于养老基金资产净值的 135%。其中，债券正回购的资金余额在每个交易日均不得高于养老基金资产净值的 40%。

（三）投资股票、股票基金、混合基金、股票型养老金产品的比例，合计不得高于养老基金资产净值的 30%。

养老基金不得用于向他人贷款和提供担保，不得直接投资于权证，但因投资股票、分离交易可转换债等投资品种而衍生获得的权证，应当在权证上市交易之日起 10 个交易日内卖出。

（四）投资国家重大项目和重点企业股权的比例，合计不得高于养老基金资产净值的 20%。

由于市场涨跌、资金划拨等原因出现被动投资比例超标的，养老基金投资比例调整应当在合同规定的交易日内完成。

第三十八条　养老基金资产参与股指期货、国债期货交易，只能以套期保值为目的，并按照中国金融期货交易所套期保值管理的有关规定执行；在任何交易日日终，所持有的卖出股指期货、国债期货合约价值，不得超过其对冲标的的账面价值。

第三十九条　根据金融市场变化和投资运营情况，国务院有关主管部门适时报请国务院对养老基金投资范围和比例进行调整。

第七章　估值和费用

第四十条　受托机构根据《企业会计准则第22号——金融工具确认和计量》、《证券投资基金会计核算业务指引》等规定,对养老基金进行会计核算和估值。

当月发生的委托投资资金划入、划出和投资收益分配,以上月末的估值结果作为核算依据。

第四十一条　托管机构提取的托管费年费率不高于托管养老基金资产净值的0.05%。

第四十二条　投资管理机构提取的投资管理费年费率不高于投资管理养老基金资产净值的0.5%。

受托机构应当在投资管理合同中规定投资管理机构的业绩基准,制定绩效考核办法。

第四十三条　根据养老基金管理情况,国务院有关主管部门适时对托管费、投资管理费率进行调整。

第四十四条　受托机构按照养老基金年度净收益的1%提取风险准备金,专项用于弥补养老基金投资发生的亏损。余额达到养老基金资产净值5%时可不再提取。

风险准备金与本金一起投资运营,单独记账,归委托人所有。

第八章　报告制度

第四十五条　受托机构、托管机构、投资管理机构应当按照本办法的规定报告养老基金投资运营的情况,保证报告内容没有虚假记载、误导性陈述或者重大遗漏,并对报告内容的真实性、完整性负责。

第四十六条　受托机构要按下列要求进行信息披露和报告有关事项:

(一)每年一次向社会公布养老基金资产、收益等财务状况。

（二）向委托人和国务院有关主管部门每季度提交养老基金财务会计报告、投资资产、收益等情况报告。

（三）向委托人和国务院有关主管部门、经济综合部门报送养老基金资产年度审计报告。

（四）养老基金发生重大事件的，应立即报告委托人和国务院有关主管部门，并编制临时报告书，经核准后予以公告。

第四十七条 托管机构应当按照托管合同和受托机构的要求，向受托机构提交养老基金托管月度报告、季度报告和年度报告；如发生特殊情况，还应当提供临时报告或者进行重大信息披露。托管机构应当对投资管理机构编制报告的有关内容进行复核，并根据需要出具复核意见。

第四十八条 投资管理机构应当按照投资管理合同及受托机构的要求，向受托机构提交养老基金投资运营月度报告、季度报告和年度报告；如发生特殊情况，还应当提供临时报告或者进行重大信息披露。

第四十九条 托管机构、投资管理机构应当向国务院有关主管部门提交养老基金季度报告和年度报告。

第五十条 有下列情形之一的，托管机构、投资管理机构应当及时向受托机构和国务院有关主管部门报告：

（一）减资、合并、分立、依法解散、被依法撤销、决定申请破产或者被申请破产的。

（二）涉及重大诉讼或者仲裁的。

（三）董事长、总经理及其他高级管理人员发生变动的。

（四）托管合同、投资管理合同规定的其他报告事项。

第五十一条 受托机构应当将委托管理合同、托管合同、投资管理合同报国务院有关主管部门备案。

第九章　监督检查

第五十二条　人力资源社会保障部、财政部依法对受托机构、托管机构、投资管理机构及相关主体开展养老基金投资管理业务情况实施监管,加强投资风险防范。

人民银行、银监会、证监会、保监会按照各自职责,对托管机构、投资管理机构的经营活动进行监督。

相关部门在监督过程中应加强沟通与信息共享。

第五十三条　人力资源社会保障部、财政部开展调查或者检查应当由两人以上进行,并出示有效证件,承担下列义务:

(一)依法履行职责,秉公执法,不得利用职务之便谋取私利。

(二)保守在调查或者检查时知悉的商业秘密。

(三)为举报人保密。

第五十四条　受托机构、托管机构、投资管理机构和其他为养老基金投资管理提供服务的自然人、法人或者其他组织应当积极配合监督检查,如实提供有关文件和资料,不得拒绝、阻挠或者逃避检查,不得谎报、隐匿或者销毁相关证据材料。

第五十五条　受托机构、托管机构、投资管理机构管理运营养老基金资产,其他自然人、法人或者组织为养老基金投资运营提供服务,应当严格遵守相关职业准则和行业规范,履行诚实信用、谨慎勤勉的义务。

第五十六条　养老基金投资管理从业人员应当遵守法律、行政法规和相关规章制度,恪守职业道德和行为规范。

第五十七条　养老基金投资运营情况应当通过报刊、网站等媒体定期向社会公布,保障公众知情权,接受社会监督。

任何组织和个人有权对违法违规行为进行举报、投诉,有关主管部门应当认真调查处理。

第十章　法律责任

第五十八条　受托机构及其董事(理事)、监事、管理人员和其他从业人员有本办法第十九条所列行为之一的,责令改正,给予警告,有违法所得的,没收违法所得。对直接负责的主管人员和其他直接责任人员给予相应处分,由所在机构暂停或者撤销其养老基金投资管理职务。

第五十九条　托管机构、投资管理机构及其董事、监事、管理人员和其他从业人员有本办法第二十五条和第三十三条所列行为之一的,责令改正,给予警告,并可暂停其接收新的养老基金托管或者投资管理业务。有违法所得的,没收违法所得,处以托管机构、投资管理机构违法所得1倍以上5倍以下管理费扣减;没有违法所得的,处以托管机构、投资管理机构50万元以下管理费扣减,情节严重的,可处以50万元以上、100万元以下管理费扣减。对直接负责的主管人员和其他直接责任人员给予警告,由所在机构暂停或者撤销其养老基金投资管理职务。

第六十条　投资管理机构违反本办法第三十七条和第三十八条规定,超出投资范围或者违反投资比例规定进行投资的,责令改正,给予警告,并可暂停其接收新的养老基金投资管理业务,同时处以50万元以下管理费扣减。对直接负责的主管人员和其他直接责任人员给予警告,由所在机构暂停或者撤销其养老基金投资管理职务。

第六十一条　托管机构、投资管理机构未能按照规定提供报告或者提供报告有虚假记载、误导性陈述、重大遗漏的,责令限期改正;逾期不改正的,给予警告,并处以10万元以下管理费扣减。

第六十二条　托管机构、投资管理机构违反本办法其他有关规定的,责令限期改正。逾期不改正的,给予警告,并可暂停其接收新的养老基金托管或者投资管理业务。

第六十三条　托管机构、投资管理机构受到3次以上警告的,由受托机构终止其养老基金托管或者投资管理职责,3年内不得再次申请。

第六十四条　受托机构、托管机构、投资管理机构及其董事(理事)、监事、管理和从业人员侵占、挪用养老基金资产取得的财产和收益,归入基金资产。

第六十五条　托管机构、投资管理机构违反本办法规定,给养老基金资产或者委托人造成损失的,应当分别对各自的行为依法承担赔偿责任;因共同行为给养老基金资产或者委托人造成损失的,应当承担连带赔偿责任;除依法给予处罚外,由受托机构终止其养老基金托管或者投资管理职责,5年内不得再次申请。

第六十六条　会计师事务所等服务机构出具的文件有虚假记载、误导性陈述或者重大遗漏的,责令限期改正,没收业务收入,并依法处以业务收入1倍以上5倍以下的罚款;对直接负责的主管人员和其他直接责任人员给予警告。

第六十七条　国家工作人员在养老基金投资管理、监督工作中滥用职权、玩忽职守、徇私舞弊的,依法追究责任。

第六十八条　本办法规定的处罚,由人力资源社会保障部、财政部或者人民银行、银监会、证监会、保监会按照各自职责做出决定。对违反本办法规定的同一行为,不得给予两次以上的处罚。

第六十九条　对违反本办法规定进行养老基金投资运营的相关单位和责任人,记入信用记录并纳入全国统一信用信息共享交换平台。

第七十条　违反本办法规定,情节严重,构成犯罪的,依法追究刑事责任。

第十一章　附　　则

第七十一条　本办法由人力资源社会保障部、财政部会同有关部门负责组织实施。

第七十二条　本办法自印发之日起施行。

中国保监会关于设立保险私募基金有关事项的通知

（保监发〔2015〕89号）

各保险集团(控股)公司、保险公司、保险资产管理公司：

为进一步发挥保险资金长期投资的独特优势，支持实体经济发展，防范相关风险，现就规范设立保险私募基金有关事项通知如下：

一、保险资金可以设立私募基金，范围包括成长基金、并购基金、新兴战略产业基金、夹层基金、不动产基金、创业投资基金和以上述基金为主要投资对象的母基金。

二、保险资金设立私募基金，投资方向应当是国家重点支持的行业和领域，包括但不限于重大基础设施、棚户区改造、新型城镇化建设等民生工程和国家重大工程；科技型企业、小微企业、战略性新兴产业等国家重点支持企业或产业；养老服务、健康医疗服务、保安服务、互联网金融服务等符合保险产业链延伸方向的产业或业态。

三、保险资金设立私募基金，应当事先确定发起人和基金管理人。发起人和基金管理人的名称、高级管理人员、主要股东和实际控制人不得随意变更。确需变更的，应当遵循相关规定并履行决策程序。

四、保险资金设立私募基金，发起人应当由保险资产管理机构的下属机构担任，主要负责发起设立私募基金、确定基金管理人、维护投资者利益并承担法律责任，是通过私募基金开展投资业务的载体。

发起人应当通过制度设计，与相应的保险资产管理机构划清权利责任边界，确保法律意义上的独立运作；应当通过合同约定，与投资人明确权利责任界定，确保投资风险充分披露。

五、基金管理人可以由发起人担任，也可以由发起人指定保险资产管理机构或保险资产管理机构的其他下属机构担任,主要负责资金募集、投资管理、信息披露、基金退出等事宜,是私募基金的投资管理机构。

六、保险资金设立私募基金,基金管理人由保险资产管理机构担任的,应当具备相应的投资管理能力,且实际投资的项目不少于3个。

七、保险资金设立私募基金,基金管理人由保险资产管理机构下属机构担任的,应当符合下列条件:

(一)保险资产管理机构及其关联的保险机构在下属机构的股权占比合计应当高于30%;

(二)具有稳定的管理团队,核心决策人员不少于3名,且具有8年以上相关经验,团队成员已完成退出项目合计不少于3个;

(三)具有独立的、市场化的管理运作机制,包括但不限于股权激励机制、收益分成机制、跟投机制等;

(四)中国保监会规定的其他审慎性条件。

八、基金管理人可以聘请专业机构提供相关服务,包括托管机构、投资咨询机构、募集代理机构、律师事务所、会计师事务所等,上述机构应当符合《保险资金投资股权暂行办法》的相关规定。

九、保险资金设立的私募基金,应当符合下列条件:

(一)已完成立项的储备项目预期投资规模应当至少覆盖拟募集规模的20%;

(二)发起人及其关联的保险机构出资或认缴金额不低于拟募集规模的30%;

(三)配备专属投资管理团队,投资期内具有3年以上相关经验的专属投资管理人员不少于3名;

(四)明确约定投资策略、投资方式、投资领域、投资限制、共同投资、投资集中度、投资流程、决策流程、投后管理、退出机制等;

（五）建立由主要投资人组成的投资顾问委员会，重点处理关联交易，利益冲突等事项；

（六）建立托管机制，托管机构符合规定条件。

保险资产管理机构、其关联的保险机构不得为私募基金提供担保，不得以任何方式为私募基金的投资收益或赔偿投资损失向私募基金的投资者做出承诺。

十、保险资金设立私募基金实行注册制度，设立方案在相应的决策机构审议通过后，由保险资产管理机构或者基金发起人向中国保监会或者其指定机构申请办理相关手续；涉及新设发起人或基金管理人的，执行《保险资金投资股权暂行办法》的有关规定。

十一、保险资金设立私募基金，可以向保险机构和其他合格投资者募集。保险资金投资该类基金，投资比例遵循《中国保监会关于加强和改进保险资金运用比例监管的通知》的相关规定。

十二、保险资金设立的私募基金，投资业务涉及关联交易的，应当由决策机构中非关联方表决权2/3以上通过，且投资顾问委员会无异议方可实施，投资规模不得超过基金募集规模的50%。

十三、保险资金设立私募基金，基金管理人应当于基金募集完成后的5个工作日、每季度结束后20个工作日和每年4月30日前，向中国保监会指定的信息登记平台提交募集情况报告、季度报告、年度报告及其他相关信息。

私募基金存续期间内，发起人和基金管理人发生变更、核心决策团队出现变动、基金管理出现重大风险和其他重大突发事件等情况的，基金管理人应当及时向中国保监会报告，并按规定办理注册信息变更事宜。

十四、保险资金设立私募基金，发起人、基金管理人，以及基金核心团队成员存在下列行为的，中国保监会将其不良行为记入档案：

（一）公司治理、管理制度、决策流程和内控机制运作不规范，存在重大风险隐患；

(二)管理团队未能勤勉尽责,未能依照法律法规和合同约定,履行投资管理职责;

(三)未能妥善处理重大突发事件;

(四)未按照规定真实、准确、完整、及时地向投资人披露投资风险;

(五)未按照规定真实、准确、完整、及时地向监管部门报告有关情况;

(六)其他违反有关法律、行政法规和本通知规定的行为。

保险资金不得投资列入不良记录名单的机构与个人发起设立的私募基金。

十五、保险资金设立私募基金,应当遵守相关规章制度以及行业自律的规定并接受监管。

十六、保险资金参与发起设立私募基金并投资该基金,保险资产管理机构及其关联的保险机构在基金管理人的股权占比合计低于 30% 的,按照《保险资金投资股权暂行办法》的有关规定执行。

十七、保险资金设立私募基金,募集境内资金投向境外市场,参照本通知执行,另有规定的从其规定。

十八、本通知自发布之日起施行。有关政策规定与本通知不一致的,以本通知为准。

中国保监会
2015 年 9 月 10 日

国务院关于加快构建大众创业万众创新支撑平台的指导意见

(国发〔2015〕53 号)

各省、自治区、直辖市人民政府,国务院各部委、各直属机构:

当前,全球分享经济快速增长,基于互联网等方式的创业创新蓬勃兴起,众创、众包、众扶、众筹(以下统称“四众”)等大众创业万众创新支撑平台快速发展,新模式、新业态不断涌现,线上线下加快融合,对生产方式、生活方式、治理方式产生广泛而深刻的影响,动力强劲,潜力巨大。同时,在四众发展过程中也面临行业准入、信用环境、监管机制等方面的问题。为落实党中央、国务院关于大力推进大众创业万众创新和推动实施“互联网+”行动的有关部署,现就加快构建大众创业万众创新支撑平台、推进四众持续健康发展提出以下意见。

一、把握发展机遇,汇聚经济社会发展新动能

四众有效拓展了创业创新与市场资源、社会需求的对接通道,搭建了多方参与的高效协同机制,丰富了创业创新组织形态,优化了劳动、信息、知识、技术、管理、资本等资源的配置方式,为社会大众广泛平等参与创业创新、共同分享改革红利和发展成果提供了更多元的途径和更广阔的空间。

众创,汇众智搞创新,通过创业创新服务平台聚集全社会各类创新资源,大幅降低创业创新成本,使每一个具有科学思维和创新能力的人都可参与创新,形成大众创造、释放众智的新局面。

众包,汇众力增就业,借助互联网等手段,将传统由特定企业和机构完成的任务向自愿参与的所有企业和个人进行分工,最大限度利用大众力量,以更高的效率、更低的成本满足生产及生活服务需求,促进生产方式变革,开拓集智创新、便捷创业、灵活就业的新途径。

众扶,汇众能助创业,通过政府和公益机构支持、企业帮扶援助、个人互助互扶等多种方式,共助小微企业和创业者成长,构建创业创新发展的良好生态。

众筹,汇众资促发展,通过互联网平台向社会募集资金,更灵活高效满足产品开发、企业成长和个人创业的融资需求,有效增加传统金融体系服务小微企业和创业者的新功能,拓展创业创新投融资新渠道。

当前我国正处于发展动力转换的关键时期,加快发展四众具有极为重要的现实意义和战略意义,有利于激发蕴藏在人民群众之中的无穷智慧和创造力,将我国的人力资源优势迅速转化为人力资本优势,促进科技创新,拓展就业空间,汇聚发展新动能;有利于加快网络经济和实体经济融合,充分利用国内国际创新资源,提高生产效率,助推"中国制造2025",加快转型升级,壮大分享经济,培育新的经济增长点;有利于促进政府加快完善与新经济形态相适应的体制机制,创新管理方式,提升服务能力,释放改革红利;有利于实现机会公平、权利公平、人人参与又人人受益的包容性增长,探索一条中国特色的众人创富、劳动致富之路。

二、创新发展理念,着力打造创业创新新格局

全面贯彻党的十八大和十八届二中、三中、四中全会精神,按照党中央、国务院决策部署,加快实施创新驱动发展战略,不断深化改革,顺应"互联网+"时代大融合、大变革趋势,充分发挥我国互联网应用创新的综合优势,充分激发广大人民群众和市场主体的创业创新活力,推动线上与线下相结合、传统与新兴相结合、引导与规范相结合,按照"坚持市场主导、包容创业创新、公平有序发展、优化治理方式、深化开放合作"的基本原则,营造四众发展的良好环境,推动各类要素资源集聚、开放、共享,提高资源配置效率,加快四众广泛应用,在更大范围、更高层次、更深程度上推进大众创业、万众创新,打造新引擎,壮大新经济。

——坚持市场主导。充分发挥市场在资源配置中的决定性作用,强化企业和劳动者的主体地位,尊重市场选择,积极发展有利于提高资源利用效率、激发大众智慧、满足人民群众需求、创造经济增长新动力的新模式、新业态。

——包容创业创新。以更包容的态度、更积极的政策营造四众发展的宽松环境,激发人民群众的创业创新热情,鼓励各类主体充分利用互联网带来的新机遇,积极探索四众的新平台、新形式、新应用,开拓创业创新发展新空间。

——公平有序发展。坚持公平进入、公平竞争、公平监管,破除限制新模式新业态发展的不合理约束和制度瓶颈,营造传统与新兴、线上与线下主体之间公平发展的良好环境,维护各类主体合法权益,引导各方规范有序发展。

——优化治理方式。转变政府职能,进一步简政放权,强化事中事后监管,优化提升公共服务,加强协同,创新手段,发挥四众平台企业内部治理和第三方治理作用,健全政府、行业、企业、社会共同参与的治理机制,推动四众持续健康发展。

——深化开放合作。“引进来”与“走出去”相结合,充分利用四众平台,优化配置国际创新资源,借鉴国际管理经验,积极融入全球创新网络。鼓励采用四众模式搭建对外开放新平台,面向国际市场拓展服务领域,深化创业创新国际合作。

三、全面推进众创,释放创业创新能量

(一)大力发展专业空间众创。鼓励各类科技园、孵化器、创业基地、农民工返乡创业园等加快与互联网融合创新,打造线上线下相结合的大众创业万众创新载体。鼓励各类线上虚拟众创空间发展,为创业创新者提供跨行业、跨学科、跨地域的线上交流和资源链接服务。鼓励创客空间、创业咖啡、创新工场等新型众创空间发展,推动基于“互联网+”的创业创新活动加速发展。

(二)鼓励推进网络平台众创。鼓励大型互联网企业、行业领军企业通过网络平台向各类创业创新主体开放技术、开发、营销、推广等资源,鼓励各类电子商务平台为小微企业和创业者提供支撑,降低创业门槛,加强创业创新资源共享与合作,促进创新成果及时转化,构建开放式创业创新体系。

(三)培育壮大企业内部众创。通过企业内部资源平台化,积极培育内部创客文化,激发员工创造力;鼓励大中型企业通过投资员工创业开拓新的业务领域、开发创新产品,提升市场适应能力和创新能力;鼓励企业建立健全股权激励机制,突破成长中的管理瓶颈,形成持续的创新动力。

四、积极推广众包,激发创业创新活力

(四)广泛应用研发创意众包。鼓励企业与研发机构等通过网络平台将部分设计、研发任务分发和交付,促进成本降低和提质增效,推动产品技术的跨学科融合创新。鼓励企业通过网络社区等形式广泛征集用户创意,促进产品规划与市场需求无缝对接,实现万众创新与企业发展相互促动。鼓励中国服务外包示范城市、技术先进型服务企业和服务外包重点联系企业积极应用众包模式。

(五)大力实施制造运维众包。支持有能力的大中型制造企业通过互联网众包平台聚集跨区域标准化产能,满足大规模标准化产品订单的制造需求。结合深化国有企业改革,鼓励采用众包模式促进生产方式变革。鼓励中小制造企业通过众包模式构筑产品服务运维体系,提升用户体验,降低运维成本。

(六)加快推广知识内容众包。支持百科、视频等开放式平台积极通过众包实现知识内容的创造、更新和汇集,引导有能力、有条件的个人和企业积极参与,形成大众智慧集聚共享新模式。

(七)鼓励发展生活服务众包。推动交通出行、无车承运物流、快件投递、旅游、医疗、教育等领域生活服务众包,利用互联网技术高效对接供需信息,优化传统生活服务行业的组织运营模式。推动整合利用分散闲置社会资源的分享经济新型服务模式,打造人民群众广泛参与、互助互利的服务生态圈。发展以社区生活服务业为核心的电子商务服务平台,拓展服务性网络消费领域。

五、立体实施众扶,集聚创业创新合力

(八)积极推动社会公共众扶。加快公共科技资源和信息资源开放共享,提高各类公益事业机构、创新平台和基地的服务能力,推动高校和科研院所向小微企业和创业者开放科研设施,降低大众创业、万众创新的成本。鼓励行业协会、产业联盟等行业组织和第三方服务机构加强对小微企业和创业者的支持。

（九）鼓励倡导企业分享众扶。鼓励大中型企业通过生产协作、开放平台、共享资源、开放标准等方式，带动上下游小微企业和创业者发展。鼓励有条件的企业依法合规发起或参与设立公益性创业基金，开展创业培训和指导，履行企业社会责任。鼓励技术领先企业向标准化组织、产业联盟等贡献基础性专利或技术资源，推动产业链协同创新。

（十）大力支持公众互助众扶。支持开源社区、开发者社群、资源共享平台、捐赠平台、创业沙龙等各类互助平台发展。鼓励成功企业家以天使投资、慈善、指导帮扶等方式支持创业者创业。鼓励通过网络平台、线下社区、公益组织等途径扶助大众创业就业，促进互助互扶，营造深入人心、氛围浓厚的众扶文化。

六、稳健发展众筹，拓展创业创新融资

（十一）积极开展实物众筹。鼓励消费电子、智能家居、健康设备、特色农产品等创新产品开展实物众筹，支持艺术、出版、影视等创意项目在加强内容管理的同时，依法开展实物众筹。积极发挥实物众筹的资金筹集、创意展示、价值发现、市场接受度检验等功能，帮助将创新创意付诸实践，提供快速、便捷、普惠化服务。

（十二）稳步推进股权众筹。充分发挥股权众筹作为传统股权融资方式有益补充的作用，增强金融服务小微企业和创业创新者的能力。稳步推进股权众筹融资试点，鼓励小微企业和创业者通过股权众筹融资方式募集早期股本。对投资者实行分类管理，切实保护投资者合法权益，防范金融风险。

（十三）规范发展网络借贷。鼓励互联网企业依法合规设立网络借贷平台，为投融资双方提供借贷信息交互、撮合、资信评估等服务。积极运用互联网技术优势构建风险控制体系，缓解信息不对称，防范风险。

七、推进放管结合，营造宽松发展空间

（十四）完善市场准入制度。积极探索交通出行、无车承运物流、快递、金融、医疗、教育等领域的准入制度创新，通过分类管理、试点示范等方式，依法为众包、众筹等新模式新业态的发展营造政策环境。针对众包资产轻、平台化、受众广、跨地域等特点,放宽市场准入条件,降低行业准入门槛。(交通运输部、邮政局、人民银行、证监会、银监会、卫生计生委、教育部等负责。)

(十五)建立健全监管制度。适应新业态发展要求,建立健全行业标准规范和规章制度,明确四众平台企业在质量管理、信息内容管理、知识产权、申报纳税、社会保障、网络安全等方面的责任、权利和义务。(质检总局、新闻出版广电总局、知识产权局、税务总局、人力资源社会保障部、网信办、工业和信息化部等负责。)因业施策,加快研究制定重点领域促进四众发展的相关意见。(交通运输部、邮政局、人民银行、证监会、银监会、卫生计生委、教育部等负责。)

(十六)创新行业监管方式。建立以信用为核心的新型市场监管机制,加强跨部门、跨地区协同监管。建立健全事中事后监管体系,充分发挥全国统一的信用信息共享交换平台、企业信用信息公示系统等的作用,利用大数据、随机抽查、信用评价等手段加强监督检查和对违法违规行为的处置。(发展改革委、工业和信息化部、工商总局、相关行业主管部门负责。)

(十七)优化提升公共服务。加快商事制度改革,支持各地结合实际放宽新注册企业场所登记条件限制,推动"一址多照"、集群注册等住所登记改革,为创业创新提供便利的工商登记服务。简化和完善注销流程,开展个体工商户、未开业企业、无债权债务企业简易注销登记试点。推进全程电子化登记和电子营业执照应用,简化行政审批程序,为企业发展提供便利。加强行业监管、企业登记等相关部门与四众平台企业的信息互联共享,推进公共数据资源开放,加快推行电子签名、电子认证,推动电子签名国际互认,为四众发展提供支撑。进一步清理和取消职业资格许可认定,研究建立国家职业资格目录清单管理制度,加强对新设职业资格的管理。(工商总局、发展改革委、科技部、工业和信息化部、人力资源社会保障部、相关行业主管部门负责。）

（十八）促进开放合作发展。有序引导外资参与四众发展，培育一批国际化四众平台企业。鼓励四众平台企业利用全球创新资源，面向国际市场拓展服务。加强国际合作，鼓励小微企业和创业者承接国际业务。（商务部、发展改革委牵头负责。）

八、完善市场环境，夯实健康发展基础

（十九）加快信用体系建设。引导四众平台企业建立实名认证制度和信用评价机制，健全相关主体信用记录，鼓励发展第三方信用评价服务。建立四众平台企业的信用评价机制，公开评价结果，保障用户的知情权。建立完善信用标准化体系，制定四众发展信用环境相关的关键信用标准，规范信用信息采集、处理、评价、应用、交换、共享和服务。依法合理利用网络交易行为等在互联网上积累的信用数据，对现有征信体系和评测体系进行补充和完善。推进全国统一的信用信息共享交换平台、企业信用信息公示系统等与四众平台企业信用体系互联互通，实现资源共享。（发展改革委、人民银行、工商总局、质检总局牵头负责。）

（二十）深化信用信息应用。鼓励发展信用咨询、信用评估、信用担保和信用保险等信用服务业。建立健全守信激励机制和失信联合惩戒机制，加大对守信行为的表彰和宣传力度，在市场监管和公共服务过程中，对诚实守信者实行优先办理、简化程序等"绿色通道"支持激励政策，对违法失信者依法予以限制或禁入。（发展改革委、人民银行牵头负责。）

（二十一）完善知识产权环境。加大网络知识产权执法力度，促进在线创意、研发成果申请知识产权保护，研究制定四众领域的知识产权保护政策。运用技术手段加强在线创意、研发成果的知识产权执法，切实维护创业创新者权益。加强知识产权相关法律法规、典型案例的宣传和培训，增强中小微企业知识产权意识和管理能力。（知识产权局牵头负责。）

九、强化内部治理，塑造自律发展机制

（二十二）提升平台治理能力。鼓励四众平台企业结合自身商业模式，积极利用信息化手段加强内部制度建设和管理规范，提高风险防控能力、信息内容管理能力和网络安全水平。引导四众平台企业履行管理责任，建立用户权益保障机制。（网信办、工业和信息化部、工商总局等负责。）

（二十三）加强行业自律规范。强化行业自律，规范四众从业机构市场行为，保护行业合法权益。推动行业组织制定各类产品和服务标准，促进企业之间的业务交流和信息共享。完善行业纠纷协调和解决机制，鼓励第三方以及用户参与平台治理。构建在线争议解决、现场接待受理、监管部门受理投诉、第三方调解以及仲裁、诉讼等多元化纠纷解决机制。（相关行业主管部门、行政执法部门负责。）

（二十四）保障网络信息安全。四众平台企业应当切实提升技术安全水平，及时发现和有效应对各类网络安全事件，确保网络平台安全稳定运行。妥善保管各类用户资料和交易信息，不得买卖、泄露用户信息，保障信息安全。强化守法、诚信、自律意识，营造诚信规范发展的良好氛围。（网信办、工业和信息化部牵头负责。）

十、优化政策扶持，构建持续发展环境

（二十五）落实财政支持政策。创新财政科技专项资金支持方式，支持符合条件的企业通过众创、众包等方式开展相关科技活动。充分发挥国家新兴产业创业投资引导基金、国家中小企业发展基金等政策性基金的作用，引导社会资源支持四众加快发展。降低对实体营业场所、固定资产投入等硬性指标要求，将对线下实体众创空间的财政扶持政策惠及网络众创空间。加大中小企业专项资金对小微企业创业基地建设的支持力度。大力推进小微企业公共服务平台和创业基地建设，加大政府购买服务力度，为采用四众模式的小微企业免费提供管理指导、技能培训、市场开拓、标准咨询、检验检测认证等服务。（财政部、发展改革委、工业和信息化部、科技部、商务部、质检总局等负责。）

（二十六）实行适用税收政策。加快推广使用电子发票，支持四众平台企业和采用众包模式的中小微企业及个体经营者按规定开具电子发票，并允许以电子发票作为报销凭证。对于业务规模较小、处于初创期的从业机构符合现行小微企业税收优惠政策条件的，可按规定享受税收优惠政策。（财政部、税务总局牵头负责。）

（二十七）创新金融服务模式。引导天使投资、创业投资基金等支持四众平台企业发展，支持符合条件的企业在创业板、新三板等上市挂牌。鼓励金融机构在风险可控和商业可持续的前提下，基于四众特点开展金融产品和服务创新，积极发展知识产权质押融资。大力发展政府支持的融资担保机构，加强政府引导和银担合作，综合运用资本投入、代偿补偿等方式，加大财政支持力度，引导和促进融资担保机构和银行业金融机构为符合条件的四众平台企业提供快捷、低成本的融资服务。（人民银行、证监会、银监会、保监会、发展改革委、工业和信息化部、财政部、科技部、商务部、人力资源社会保障部、知识产权局、质检总局等负责。）

（二十八）深化科技体制改革。全面落实下放科技成果使用、处置和收益权，鼓励科研人员双向流动等改革部署，激励更多科研人员投身创业创新。加大科研基础设施、大型科研仪器向社会开放的力度，为更多小微企业和创业者提供支撑。（科技部牵头负责。）

（二十九）繁荣创业创新文化。设立"全国大众创业万众创新活动周"，加强政策宣传，展示创业成果，促进投资对接和互动交流，为创业创新提供展示平台。继续办好中国创新创业大赛、中国农业科技创新创业大赛等赛事活动。引导各类媒体加大对四众的宣传力度，普及四众知识，发掘典型案例，推广成功经验，培育尊重知识、崇尚创造、追求卓越的创新文化。（发展改革委、科技部、工业和信息化部、中央宣传部、中国科协等负责。）

(三十)鼓励地方探索先行。充分尊重和发挥基层首创精神,因地制宜,突出特色。支持各地探索适应新模式新业态发展特点的管理模式,及时总结形成可复制、可推广的经验。支持全面创新改革试验区、自由贸易试验区、国家自主创新示范区、战略性新兴产业集聚区、国家级经济技术开发区、跨境电子商务综合试验区等加大改革力度,强化对创业创新公共服务平台的扶持,充分发挥四众发展的示范带动作用。(发展改革委、科技部、商务部、相关地方省级人民政府等负责。)

各地区、各部门应加大对众创、众包、众扶、众筹等创业创新活动的引导和支持力度,加强统筹协调,探索制度创新,完善政府服务,科学组织实施,鼓励先行先试,不断开创大众创业、万众创新的新局面。

国　务　院

2015 年 9 月 23 日

证监会关于进一步推进全国中小企业股份转让系统发展的若干意见

(中国证券监督管理委员会公告〔2015〕26 号)

为加快推进全国中小企业股份转让系统制度完善,我会制定了《中国证监会关于进一步推进全国中小企业股份转让系统发展的若干意见》,现予公布。

中国证监会

2015 年 11 月 16 日

中国证监会关于进一步推进全国中小企业股份转让系统发展的若干意见

《国务院关于全国中小企业股份转让系统有关问题的决定》(国发〔2013〕49 号,以下简称《决定》)发布以来,中国证监会深入贯彻落实《决定》部署,稳步推进全国中小企业股份转让系统(以下简称“全国股转系统”)市场建设,全国股转系统挂牌公司数量快速增长,融资规模持续扩大,对促进中小微企业发展、完善直接融资体系发挥了积极作用。为进一步贯彻落实《决定》要求,加快推进全国股转系统制度完善,提出以下意见。

一、充分认识加快发展全国股转系统的重要意义和目标任务

全国股转系统是经国务院批准,依据《证券法》设立的全国性证券交易场所,我国多层次资本市场的重要组成部分。加快发展全国股转系统,对于健全直接融资体系,服务实体经济发展,推动经济结构转型升级,促进大众创业万众创新,具有战略意义。发展全国股转系统应立足于服务创新型、创业型、成长型中小微企业的市场定位,构建具有自身特色的市场制度体系,切实增强服务实体经济的能力。一是着眼中小微企业及其投资人的特点和需求,丰富产品和制度供给,发挥公开市场优势,坚持包容性制度特色,持续提高投融资对接效率;二是大力发展多元化的机构投资者队伍,强化主办券商组织交易的功能,稳步提升市场流动性水平;三是坚持独立的市场地位,公司挂牌不是转板上市的过渡安排,全国股转系统应逐步完善服务体系,促进挂牌公司成长为优质企业,同时着眼建立多层次资本市场的有机联系,研究推出全国股转系统挂牌公司向创业板转板的试点,建立全国股转系统与区域性股权市场的合作对接机制;四是坚持创新发展与风险控制相匹配,既要坚定不移地推进改革创新,又要牢牢守住不发生系统性、区域性风险的底线,着力完善现有制度,强化风险控制能力,现阶段不降低投资者准入条件,不实行连续竞价交易。

二、进一步提高审查效率,增强市场融资功能

提高审查工作的效率和透明度。全国股转系统应坚持和完善以信息披露为核心的理念,加快构建以投资者需求为导向的差异化信息披露制度体系。挂牌公司是信息披露第一责任人,应保证信息披露内容的真实、准确、完整、及时。主办券商、会计师事务所、律师事务所等中介机构应依照法定职责,对公司提供的信息资料进行核查验证并做出专业判断,对出具的文件承担尽职责任。投资者应依据公开信息自行判断公司的投资价值和投资风险,审慎进行投资决策,自担投资风险。全国股转系统应进一步优化公司挂牌、股票发行和并购审查工作机制。挂牌审查重点关注公司是否符合挂牌基本条件,以及信息披露文件的合规性、一致性、齐备性和可理解性,全程披露审查进度,同时建立中介机构工作底稿留痕和事后追责制度,强化申报即披露、披露即担责的监管要求。对于股东人数超过200人公司和股东人数未超过200人公司的股票发行和并购,应统一审查理念、申报文件和信息披露要求。

巩固和完善小额、快速、灵活、多元的投融资机制。完善相关制度,鼓励公司挂牌同时向合格投资者发行股票,发行对象、数量依公司需求确定,并探索放开对新增股东人数的限制。挂牌公司持续融资,可自主决定发行时点和发行方式。公司发行定价遵循市场化原则,可通过询价或与投资人协商确定,但对于明显低于市场价格的,全国股转系统应建立相关管理制度。加快推出一次审批、分期实施的储架发行制度,以及挂牌公司股东大会一次审议、董事会分期实施的授权发行机制。发展适合中小微企业的债券品种。加快推出优先股和资产支持证券。开展挂牌股票质押式回购业务试点。

三、坚持和完善主办券商制度和多元化交易机制

鼓励证券公司建立适应全国股转系统特点的证券业务体系,强化主办券商执业能力。证券公司开展全国股转系统业务,应设立专门的一级部门,加大人员和资金投入,建立健全合规管理、内部风险控制与管理机制。支持证券公司设立专业子公司统筹开展全国股转系统相关业务，不受同业竞争的限制。在推荐环节，主办券商应以提供挂牌、融资、并购、做市等全链条服务为目标遴选企业，按照切实保护投资者权益的要求，认真履行尽职调查及内核工作义务，审慎出具推荐文件。在持续督导环节，主办券商应持续加强挂牌公司合规培训，切实履行对信息披露文件的合规审查职责，帮助挂牌公司提升规范治理水平，完善发展战略，推进资源整合。在交易环节，主办券商应强化经纪业务和做市能力，充分发挥市场交易组织者和流动性提供者的功能。开展做市业务的主办券商应建立有别于自营业务的做市业务绩效考核体系，考核指标不得与做市业务人员从事做市股票的方向性投资损益挂钩。全国股转系统应完善做市商监管安排，优化风险隔离和信息隔离制度，促进做市业务与投研服务、经纪业务协同开展。建立健全主办券商激励约束机制。

控股股东为证券公司、具备相应业务能力和风险管理水平的区域性股权市场运营管理机构，可以开展全国股转系统的推荐业务试点，推荐挂牌公司的持续督导和做市服务等工作由控股股东承担。

全国股转系统应坚持并完善多元化交易机制，改革优化协议转让方式，大力发展做市转让方式，建立健全盘后大宗交易制度和非交易过户制度，改善市场流动性，提高价格发现效率。

四、实施全国股转系统内部分层和差异化管理

针对挂牌公司差异化特征和多元化需求，实施市场内部分层，提高风险管理和差异化服务能力，降低投资人信息收集成本。现阶段先分为基础层和创新层，逐步完善市场层次结构。全国股转系统应坚持市场化原则，研究制定分层具体标准，设置符合企业差异化特征的指标体系，满足不同类型企业的发展需求。建立内部分层的维持标准体系和转换机制，实现不同层级挂牌公司的有序流动。按照权利义务对等原则，在市场服务与监管要求方面，对不同层级挂牌公司实行差异化制度安排。

五、大力发展和培育机构投资者队伍

坚持全国股转系统以机构投资者为主体的发展方向。研究制定公募证券投资基金投资挂牌证券的指引,支持封闭式公募基金以及混合型公募基金投资全国股转系统挂牌证券。支持证券公司、基金管理公司及其子公司、期货公司子公司、商业银行等机构,开发投资于挂牌证券的私募证券投资基金等产品。研究落实合格境外机构投资者及人民币合格境外机构投资者参与全国股转系统市场的制度安排。推动将全国股转系统挂牌证券纳入保险资金、社保基金和企业年金等长期资金投资范围。

六、持续加强投资者权益保护工作

全国股转系统应严格执行投资者适当性管理制度,完善业务规则。落实主办券商投资者适当性管理责任,规范开户管理和产品销售行为,完善风险提示基本规范和纠纷调解制度。严格执行证券账户实名制规定,严禁开立虚拟证券账户、借用出借证券账户、垫资开户等行为。全国股转系统应督促挂牌公司按照《公司法》、《证券法》和《非上市公众公司监督管理办法》以及全国股转系统自律规则的规定,完善公司治理机制,提高信息披露质量,建立健全投资者关系管理制度,保障投资者参与权、知情权和异议股东合法权益。

七、加强市场监管

坚持以市场化、法治化为导向推进监管转型,坚持以信息披露为本,以公司自治和市场约束为基础,以规则监管为依据,构建职责明确、分工清晰、信息共享、协同高效的监管体系,切实维护市场公开公平公正。依法建立常态化、市场化的退出机制。行政监管机构、自律组织等相关各方应建立健全信息共享、监管协作、案件查处等分工协作机制及风险处置应急机制,提高监管的系统性和协同性。中国证监会负责制定监管规则,指导协调、监督检查各派出机构和全国股转系统的工作。各证监局要根据问题和涉嫌违法违规线索开展现场检查,对发现的重大风险或违法违规行为采取监管措施或立案调查,实施行政处罚;涉及自律管理范畴的问题,移交全国股转系统处理。全国股转系统应结合挂牌公司及其投资人特点,建立技术系统和规则体系,提高自律管理能力与效率。加大对挂牌公司规范运作的培训,对信息披露、股票发行违规以及违规占用挂牌公司资金、违规对外担保等行为,及时采取监管措施;对涉嫌欺诈、虚假披露、内幕交易、操纵市场等违法行为,依法严厉打击,确保有异动必有反应、有违规必有查处。

国家税务总局关于有限合伙制创业投资企业法人合伙人企业所得税有关问题的公告

(国家税务总局公告〔2015〕81号)

根据《中华人民共和国企业所得税法》及其实施条例、《财政部 国家税务总局关于将国家自主创新示范区有关税收试点政策推广到全国范围实施的通知》(财税〔2015〕116号)规定,现就有限合伙制创业投资企业法人合伙人企业所得税有关问题公告如下:

一、有限合伙制创业投资企业是指依照《中华人民共和国合伙企业法》、《创业投资企业管理暂行办法》(国家发展和改革委员会令第39号)和《外商投资创业投资企业管理规定》(外经贸部、科技部、工商总局、税务总局、外汇管理局令2003年第2号)设立的专门从事创业投资活动的有限合伙企业。

二、有限合伙制创业投资企业的法人合伙人,是指依照《中华人民共和国企业所得税法》及其实施条例以及相关规定,实行查账征收企业所得税的居民企业。

三、有限合伙制创业投资企业采取股权投资方式投资于未上市的中小高新技术企业满2年(24个月,下同)的,其法人合伙人可按照对未上市中小高新技术企业投资额的 70% 抵扣该法人合伙人从该有限合伙制创业投资企业分得的应纳税所得额,当年不足抵扣的,可以在以后纳税年度结转抵扣。

所称满 2 年是指 2015 年 10 月 1 日起,有限合伙制创业投资企业投资于未上市中小高新技术企业的实缴投资满 2 年,同时,法人合伙人对该有限合伙制创业投资企业的实缴出资也应满 2 年。

如果法人合伙人投资于多个符合条件的有限合伙制创业投资企业,可合并计算其可抵扣的投资额和应分得的应纳税所得额。当年不足抵扣的,可结转以后纳税年度继续抵扣;当年抵扣后有结余的,应按照企业所得税法的规定计算缴纳企业所得税。

四、有限合伙制创业投资企业的法人合伙人对未上市中小高新技术企业的投资额,按照有限合伙制创业投资企业对中小高新技术企业的投资额和合伙协议约定的法人合伙人占有限合伙制创业投资企业的出资比例计算确定。其中,有限合伙制创业投资企业对中小高新技术企业的投资额按实缴投资额计算;法人合伙人占有限合伙制创业投资企业的出资比例按法人合伙人对有限合伙制创业投资企业的实缴出资额占该有限合伙制创业投资企业的全部实缴出资额的比例计算。

五、有限合伙制创业投资企业应纳税所得额的确定及分配,按照《财政部 国家税务总局关于合伙企业合伙人所得税问题的通知》(财税〔2008〕159 号)相关规定执行。

六、有限合伙制创业投资企业法人合伙人符合享受优惠条件的,应在符合条件的年度终了后 3 个月内向其主管税务机关报送《有限合伙制创业投资企业法人合伙人应纳税所得额分配情况明细表》(附件 1)。

七、法人合伙人向其所在地主管税务机关备案享受投资抵扣应纳税所得额时,应提交《法人合伙人应纳税所得额抵扣情况明细表》(附件 2)以及有限合伙制创业投资企业所在地主管税务机关受理后的《有限合伙制创业投资企业法人合伙人应纳税所得额分配情况明细表》，同时将《国家税务总局关于实施创业投资企业所得税优惠问题的通知》（国税发〔2009〕87号）规定报送的备案资料留存备查。

八、本公告自2015年10月1日起执行。2015年度符合优惠条件的企业，可统一在2015年度汇算清缴时办理相关手续。《国家税务总局关于苏州工业园区有限合伙制创业投资企业法人合伙人企业所得税政策试点有关征收管理问题的公告》（国家税务总局公告2013年第25号）同时废止。

特此公告。

附件：1. 有限合伙制创业投资企业法人合伙人应纳税所得额分配情况明细表

2. 法人合伙人应纳税所得额抵扣情况明细表

国家税务总局

2015年11月16日

（附件请查阅国家税务局网站）

第 五 部 分

北京股权投资基金协会会员名录

北京股权投资基金协会会员名录

表1　北京股权投资基金协会会员名录

序号	机构名称	机构类型	联系方式
1	鼎晖投资	PE/VC	地址:朝阳区东三环中路5号楼财富金融中心25层 传真:86-10-8507-6999 网址:www. cdhfund. com
2	宽带资本	PE	地址:北京市朝阳区日坛北路日坛公园具服殿 电话:86-10-8563-5888 传真:86-10-8563-5678 网址:www. cbc-capital. com
3	弘毅投资	PE	地址:北京市海淀区科学院南路2号融科资讯中心C座南楼6层 电话:86-10-8265-5888 传真:86-10-8265-5800 网址:www. honycapital. com
4	北京科桥投资顾问有限公司	PE	地址:北京市西城区金融大街19号富凯大厦B座9层 电话:86-10-6657-5509 传真:86-10-6657-5513 网址:www. co-bridgecapital. com
5	红杉资本中国基金	PE/VC	地址:北京市朝阳区建国路77号华贸中心3号写字楼3606 电话:86-10-8447-5668 传真:86-10-8447-5669 网址:www. sequoiacap. cn
6	中信资本	另类投资	地址:中国北京市东城区东直门南大街1号北京来福士中心办公楼22层 电话:86-10-5802-3999 传真:86-10-5802-3600 网址:www. citiccapital. com
7	中信产业基金	PE	地址:北京市东城区金宝街89号金宝大厦11层 电话:86-10-8507-9000 传真:86-10-8522-1872 网址:www. citicpe. com

续表

序号	机构名称	机构类型	联系方式
8	新天域资本 New Horizon Capital	PE	地址:北京市东城区金宝街89号金宝大厦9层903室 电话:86-10-8950-8400 传真:86-10-8950-8401 网址:www. nhfund. com
9	深圳市创新投资集团有限公司	VC	地址:广东省深圳市福田中心区深南大道4009号投资大厦11层 电话:0755-8291-2888 传真:0755-8291-2880 网址:www. szvc. com. cn
10	中科招商集团 CSC GROUP	PE/VC	地址:北京市朝阳区裕民路12号中国国际科技会展中心A座11层 电话:86-10-5165-2211 传真:86-10-5765-2233 网址:www. leadvc. com
11	IDG资本	VC	地址:北京建国门内大街8号中粮广场A座6层 电话:86-10-6526-2400 传真:86-10-6526-0700 网址:www. idgvc. com
12	太盟产业基金	PE	地址:中国北京市朝阳区建国路79号华贸中心写字楼2座2405室 电话:86-10-8588-2998 传真:86-10-8588-2996 网址:www. pagasia. com
13	方源资本	PE	地址:中国北京建国门外大街1号国贸写字楼1座3410室 电话:86-10-5776-6288 传真:86-10-5776-6299 网址:www. fountainvest. com
14	北京金融资产交易所	中介服务机构	地址:北京市西城区金融大街乙17号 电话:86-10-5789-6666 传真:86-10-5789-6688 网址:www. cfae. cn
15	凯雷投资集团	PE	地址: 北京市朝阳区建国门外大街1号国贸大厦19层07-18室 电话:86-10-5706-7000 传真:86-10-5706-7003 网址:www. carlyle. com

续表

序号	机构名称	机构类型	联系方式
16	北京控股有限公司		地址:北京市朝阳区东三环北路38号院北控大厦 电话:86－10－8587－9090 传真:86－10－8587－9033 网址:www. begcl. com
17	中国企业投资协会		地址:北京市海淀区知春路118号知春大厦A座1005号 电话:86－10－6257－7428/29/30/32 传真:86－10－8261－2221 网址:www. ceia. cn
18	毕马威华振会计师事务所	中介服务机构	地址:中国北京东长安街1号东方广场东2座8层 电话:86－10－8508－5000 传真:86－10－8518－5111 网址:www. kpmg. com
19	天元律师事务所	中介服务机构	地址:北京市西城区丰盛胡同28号太平洋保险大厦10层 电话:86－10－ 5776－3888 传真:86－10－ 5776－3777 网址:www. tylaw. com. cn
20	美国佳利律师事务所北京办事处	中介服务机构	地址:北京市朝阳区建国门外大街乙12号双子座大厦西办公楼第23层 电话:86－10－5920－1000 传真:86－10－5879－3902 网址:www. cgsh. com
21	元禾控股	PE/VC	地址:中国江苏苏州工业园区苏虹东路183号东沙湖股权投资中心19幢 电话:86－512－6660－9999 传真:86－512－6696－9998 网址:www. csvc. com. cn
22	高能资本	PE/VC	地址:北京市朝阳区霞光里15号霄云中心A座2103 电话:86－10－8446－3378 传真:86－10－8446－3346 网址:www. powercapital. cn

续表

序号	机构名称	机构类型	联系方式
23	德同资本	PE/VC	地址:北京市朝阳区东三环中路7号财富中心写字楼A座611室 电话:86－10－6530－9968 传真:86－10－6530－9968－108 网址:www. dtcap. com
24	兴边富民	PE	地址:北京市朝阳区东四环中路嘉泰国际大厦14层 电话:86－10－8571－1234 传真:86－10－8571－1212 网址:www. fortmanfund. com
25	上海浦东发展银行北京分行		地址:北京市西城区太平桥大街18号丰融国际大厦 电话:86－10－5739－5588 传真:86－10－5837－7100 网址:www. spdb. com. cn/chpage/c353/doclist. aspx
26	华夏银行		地址:北京市东城区建国门内大街22号华夏银行大厦 网址: www. hxb. com. cn/chinese/index. html
27	国投创新(北京)投资管理有限公司	PE	地址:北京市西城区广安门外南滨河路1号中国高新大厦7层 电话:86－10－8800－6412 传真:86－10－8800－6415 网址:www. sdicfund. com
28	明石投资	PE	地址:北京市海淀区海淀北二街10号泰鹏大厦0908—0916室 电话:86－10－6019－0799 传真:86－10－6019－0322 网址:www. brightstone－fund. com
29	盛世神州基金	PE	地址:北京市朝阳区朝阳北路237号复星国际中心1906 电话:86－10－5977－0808 传真:86－10－5977－0828 网址:www. grandchinafund. com
30	千舟清源	VC	地址:北京市海淀区海淀北二街8号中关村SOHO5层 电话:86－10－6262－7500 传真:86－10－6262－7300 网址:www. qianzhoufund. com

续表

序号	机构名称	机构类型	联系方式
31	尚融资本	PE	地址:北京市朝阳区建国路甲92号世茂大厦C座23层 电话:86-10-6702-0808 传真:86-10-6701-8885 网址:www.chnc.com.cn
32	华融融德资产管理有限公司	PE	地址:北京市西城区武定侯街6号306室 电话:86-10-5931-5310 网址:www.rongdeamc.com.cn
33	蓝色经济区产业投资基金		地址:北京市东城区建国门内大街7号光华长安大厦1座15层 网址:bluefund.cn
34	清科财务管理咨询(北京)有限公司		地址:北京市朝阳区霄云路26号鹏润大厦A座1203室 电话:86-10-8458-0476/6258-8680 传真:86-10-8458-0480 网址:www.zero2ipogroup.com
35	北京国泰创业投资基金管理有限公司	VC	地址:北京市海淀区宝盛南路1号院奥北科技园27号楼一层 电话:86-10-8885-4918/53 传真:86-10-8885-6409 网址:www.gtvc.cc
36	人保资本投资管理有限公司	PE	地址:北京市西城区武定候街6号卓著中心6层 电话:86-10-8356-1999 传真:86-10-8356-1900
37	北京立达投资基金管理中心	PE	地址:北京市海淀区板井路69号世纪金源大饭店东区写字楼7层
38	通用(北京)投资基金管理有限公司	PE	地址:北京市西三环中路90号通用技术大厦16层 电话:86-10-6334-8962
39	云月投资	PE	地址:上海市黄浦区黄陂北路227号中区广场22楼 电话:86-21-6120-2080 传真:86-21-6120-2060 网址:www.lunarcap.com
40	金陵华软	VC	地址:北京市东直门南大街1号来福士中心办公楼9层 电话:86-10-6553-8990 传真:86-10-6553-5560 网址:www.chinasoftcapital.com

续表

序号	机构名称	机构类型	联系方式
41	南山资本	PE	地址:北京市朝阳区建国门外大街1号国贸三期45层 电话:86-10-5706-9900 传真:86-10-5706-9933 网址:www.nanshancapital.com
42	东海岸投资	PE	地址:北京市朝阳区广渠路42号院3号楼一层 电话:86-10-8771-8097 传真:86-10-8771-8097 网址:www.cecicapital.com
43	紫马基金	FOFs	地址:北京市朝阳区东三环中路9号富尔大厦31层 电话:86-10-8591-0855 传真:86-10-8591-0853 网址:www.pefofs.com
44	汉能(北京)投资咨询有限公司	PE/VC	地址:北京市朝阳区建国路79号华贸中心2座14层 电话:86-10-8588-9000 传真:86-10-8588-9001 网址:www.hinagroup.com
45	北京金立方投资管理有限公司	VC	地址:北京西城区阜外大街11号国宾大厦908室 电话:86-10-6800-5808 传真:86-10-6800-5618 网址:www.goldencube.cn
46	北京金石农业投资基金管理中心	PE	地址:北京市朝阳区吉庆里14号佳汇国际中心A座1603 电话:86-10-6553-6262 传真:86-10-6553-8591 网址:www.agri-fund.cn
47	中城投资	PE	地址:上海市徐汇区虹桥路500号中城国际大厦8楼 电话:86-21-3887-0996 传真:86-21-5882-0669 网址:www.curafund.com
48	中国-比利时直接股权投资基金	VC	地址:北京市西城区北京市西城区金融街35号国际企业大厦C座10 电话:86-10-6656-8002 传真:86-10-8809-1810 网址:http://5324389.1024sj.com/

续表

序号	机构名称	机构类型	联系方式
49	杜鸣联合房地产评估(北京)有限公司	中介服务机构	地址:东城区建国门内大街18号 电话:86-10-6600-3097
50	投中集团	中介服务机构	地址:北京市东城区东直门南大街11号中汇广场A座7层 电话:86-10-5979-9690 传真:86-10-8589-3650-603 网址:www. chinaventuregroup. com. cn
51	宁波瀚铖股权投资管理有限公司	PE	地址:北京市丰台区育芳园西里1号万年基业办公楼3楼 电话:86-10-6379-3838 传真:86-10-6378-0338 网址:www. wannian. com. cn
52	北京富莱晨思特许经营商业投资中心	PE	地址:北京市石景山区石景山路20号中铁建设大厦19层 电话: 86-10-5265-6114 传真: 86-10-5265-6126
53	北京市柴傅律师事务所	中介服务机构	地址:北京市朝阳区亮马桥路39号第一上海中心4层100125 电话:86-10-8453-4567 传真:86-10-8453-4568 网址:www. chaifu. com
54	北京中拓创富投资管理中心	VC	地址:北京市海淀区北坞村路甲25号静芯园L座南二层 电话:86-10-5156-3030 传真:86-10-5156-2009
55	平安信托投资有限责任公司	PE	地址:北京朝阳区新源南路3号平安国际金融中心A座 网址:trust. pingan. com
56	招商资本投资有限公司	券商直投	地址:北京市西城区金融大街甲9号金融街中心7层 电话:86-10-5760-1898 传真:86-10-5760-1880
57	蓝明(北京)投资咨询有限公司		地址:北京市朝阳区北京市朝阳区建国门外大街2号北京银泰中心C
58	北京市权亚律师事务所	中介服务机构	地址:北京市朝阳区建外大街1号国贸大厦1座3718室 电话:86-10-6505-8188 传真:86-10-6505-8189/98 网址:www. transasialawyers. com

续表

序号	机构名称	机构类型	联系方式
59	北京厚生投资管理中心(有限合伙)	PE	地址:北京市西城区新街口外大街28号B座楼337号房(德胜园区)
60	盛诺金基金	PE	地址:北京市朝阳区北辰东路8号汇宾大厦B座0421室 100029 电话: 86－10－8497－1699 传真: 86－10－8497－1799 网址: www. sngfund. com
61	华融渝富股权投资基金管理有限公司	PE	地址:北京市西城区金融大街8号中国华融大厦C座九层 电话:86－10－5961－9161 传真:86－10－5961－9175 网址:www. hryfc. com. cn
62	安永(中国)企业咨询有限公司	中介服务机构	地址:北京市东城区东长安街1号东方广场安永大楼 100738 电话:86－10－5815－3000 传真:86－10－8518－8298 网址:www. ey. com/CN/zh/Home
63	北京通盈盛世投资基金管理有限公司	PE	地址:北京市东城区新中西里13号巨石大厦803 电话: 86－10－5190－9838
64	北京银行股份有限公司	中介服务机构	地址:北京市西城区金融大街丙17号 100033 网址:www. bankofbeijing. com. cn
65	德勤华永会计师事务所有限公司北京分所	中介服务机构	地址:中国北京市东长安街1号东方广场东方经贸城德勤大楼8层 100738 电话:86－10－8520－7788 传真:86－10－8518－1218 网址:www. deloitte. com/view/zh_CN/cn/index. htm
66	北京财富世纪投资基金管理有限公司	PE	地址:北京市朝阳区光华里12号 电话:86－10－8447－9959 传真:86－10－8447－9493
67	爱康创业投资有限公司	VC	地址:北京市朝阳区安翔里甲21号楼3层
68	北极光创投	VC	地址:北京市朝阳区建国路79号华贸中心2号写字楼32层 100025 电话:86－10－5769－6500 传真:86－10－5969－6185 网址:www. nlvc. com

续表

序号	机构名称	机构类型	联系方式
69	福建拓维律师事务所	中介服务机构	地址:福州市乌山西路318号鼓楼科技大厦14F 电话:86-591-8738-8366 传真:86-591-8738-8266 网址:http://topwe-law.com/
70	北京貔亿投资管理有限公司	PE	地址:北京市朝阳区东三环北路甲19号嘉盛中心30层 电话:86-10-5870-7783 传真:86-10-5967-0212 网址:http://www.86pe.cn/html/sypp/sytz_1263.html
71	银基伟业	PE	地址:北京经济技术开发区经海路1号院57号楼 电话:86-010-5671-7110 网址:www.chinabankfund.com
72	航天产业投资基金管理有限公司	PE	地址:北京市西城区平安里西大街31号航天金融大厦6层100035 电话:86-10-6649-8999 传真:86-10-6649-8989
73	高盛(亚洲)有限责任公司	PE	地址:北京市西城区金融大街7号英蓝国际中心17层100033 电话:86-10-6627-3400 传真:86-10-6627-3300 网址:www.goldmansachs.com
74	美国美迈斯律师事务所北京代表处	中介服务机构	地址:中国北京市建国门外大街2号银泰中心C座37层100022 电话:86-10-6563-4200 传真:86-10-6563-4201 网址:www.omm.com
75	北京京西创业投资基金管理有限公司	VC	地址:北京市石景山区石景山路20号中铁建设大厦14层100043 电话:86-10-5239-3900 传真:86-10-5239-3988 网址:www.bwfm.com.cn
76	穆塞克(北京)投资基金管理有限公司	PE	地址:北京市海淀区中关村西区海淀东三街2号欧美汇大厦7层100080 电话:86-10-6260-2220 网址:www.mospe.com

续表

序号	机构名称	机构类型	联系方式
77	瑞银环球资产管理（中国）有限公司	PE	地址：北京市西城区金融大街7号英蓝国际金融中心1119室 100033
78	北京金融街投资管理有限公司	PE	地址：北京市西城区金融大街33号通泰大厦
79	曼达林投资顾问有限公司	PE	地址：中国北京市朝阳区建国门外大街1号国贸写字楼2座2401室 电话：86-10-5929-8698 传真：86-10-5929-8699 网址：www. mandarincapitalpartners. com. cn
80	美国谢尔曼·思特灵律师事务所	中介服务机构	地址：北京市建国门外大街乙12号双子座大厦东塔12层 100022 电话：86-10-5922-8000 传真：86-10-6563-6000 网址：www. shearman. com
81	银证国际投资基金管理（北京）有限公司	PE	地址：北京市西城区宣武门外大街甲1号环球财讯中心D座8层 电话：86-10-8316 3161-801/815/820
82	高伟绅律师事务所北京代表处	中介服务机构	地址：北京市朝阳区建国门外大街1号国贸大厦1座33楼 100004 电话：86-10-6535-2288 传真：86-10-6505-9028 网址：www. cliffordchance. com
83	北京昆仑星河投资管理有限公司	VC	地址：北京市东城区东四十条甲22号南新仓商务大厦A1705 100007 电话：86-10-5169-0605 传真：86-10-5169-0612 网址：www. kunlunfund. com. cn
84	新沃资本	PE	地址：:北京市海淀区丹棱街3号中国电子大厦B座1616室 电话：86-10-6894-9996 传真：86-10-6894-1717 网址：www. sinvocapital. com
85	稳盛（天津）投资管理有限公司	PE	地址：北京市朝阳区建国路91号金地中心B座27层2708室 100022 电话：86-10-5768-5966 传真：86-10-5768-5999 网址：www. winsinvestment. com

续表

序号	机构名称	机构类型	联系方式
86	光大金控投资管理有限公司	PE	地址:北京市西城区太平桥大街25号光大中心B座14层 电话:86-10-8801-3300 传真:86-10-8801-3399 网址:www. ebasset. com
87	工银国际融通资本	PE	地址:北京市西城区宣武门外大街甲1号环球财讯中心C座603A 100052 电话:86-10-5933-6655 传真:86-10-5933-6611 网址:www. icbci. com. hk
88	中国建设银行股份有限公司北京市分行	中介服务机构	地址:中国北京西城区金融大街25号 100033
89	博泽资产管理有限公司	PE	地址:北京市朝阳区永安东里16号CBD国际大厦2001室 电话:86-10-8521-9590 传真:86-10-8521-9677 网址:www. bozeasset. com
90	北京中农国新产业投资基金(有限合伙)	PE	地址:北京市海淀区中关村南大街12号中国农业科学院中日新楼 电话:86-10-6216-5055 传真:86-10-6216-5155
91	万通投资控股股份有限公司	企业	地址:北京市西城区阜成门外大街2号万通新世界广场B座8层 电话:86-10- 6804-6012 传真:86-10- 6804-6071 网址:www. vantone. net
92	君盛投资管理有限公司	PE	地址:深圳市龙华新区玉龙路圣莫丽斯花园B17栋1单元3楼 电话:86-755-8257-1118 传真:86-755-8257-1198 网址:www. junsancapital. com
93	北京大成律师事务所投资并购部	中介服务机构	地址:北京市朝阳区东大桥路9号侨福芳草地D座7层 电话:86-10-5813-7799 传真:86-10-5813-7788 网址:www. dachenglaw. com

续表

序号	机构名称	机构类型	联系方式
94	高和资本	PE	地址:北京市朝阳区建国门外大街1号国贸写字楼1座17层1725 电话:86－10－6505－5996 网址:www.gohighfund.com
95	东方藏山资产管理有限公司	PE	地址:北京市朝阳区光华路5号世纪财富中心西座22层 电话:86－10－6584－7588 网址:www.cos－capital.com
96	泛亚国际	PE	地址:北京市朝阳区建国门外大街甲12号 新华保险大厦16层1606室 电话: 86－10－6569－3558 传真: 86－10－6569－3559 网址:www.cpana.com.cn
97	上海银行北京分行资产托管部	中介服务机构	地址:北京市朝阳区建国门外大街丙12号 电话:86－10－5761－0094 传真:86－10－5761－0094 网址:www.bankofshanghai.com
98	北京金杜律师事务所	中介服务机构	地址:北京市朝阳区东三环中路1号环球金融中心办公楼东楼20层 电话:86－10－5878－5588 传真:86－10－5878－5599 网址:www.kingandwood.com
99	北京基石创业投资管理中心(有限合伙)	VC	地址:北京市海淀区彩和坊路10号1+1大厦1305室 电话:86－10－6019－0398 传真:86－10－6019－0393 网址:www.bjjsfund.com.cn
100	泰康资产管理有限责任公司	保险资产管理公司	地址:复兴门内大街156号泰康人寿大厦7层 电话:86－10－5769－1888 网址:www.taikang.com
101	北京亦庄国际投资发展有限公司	PE	地址:北京经济技术开发区景园北街2号BDA国际企业大道61栋 电话:86－10－8716－2565 网址:www.etowncapital.com

续表

序号	机构名称	机构类型	联系方式
102	紫荆商业保理有限公司	中介服务机构	地址:北京市海淀区远大路25号福朋喜来登服务公寓590室 电话:86-10-8889-8888

注:北京股权投资基金协会根据公开信息搜集整理。部分会员信息未收录其中。

本表信息更新截止日期为2016年3月。

第 六 部 分

北京股权投资基金协会介绍

北京股权投资基金协会介绍

北京股权投资基金协会（简称“北京PE协会”，英文：Beijing Private Equity Association，缩写为BPEA）是在北京市政府大力推动下，以北京市金融工作局为指导单位，股权投资行业人士自愿联合发起成立的非营利性社会团体法人机构。协会成立于2008年6月20日。

协会致力于：

促进行业环境建设 建立自律监管机制

维护会员合法权益 研究行业发展动向

培养相关专业人员 组织内外交流合作

协会服务：

1.《中国PE与VC专刊》

协会自创办之初发行的内部周刊，于每周五以电子版形式发送。

2. BPEA培训活动

1）BPEA月度培训

针对PE/VC法律、税务、行业动态培训，每月中下旬举办。

2)BPEA 管理系列培训

实操型 PE 培训课程,涉及 PE 募集、投资、管理、退出及法律和税务六个环节,每期四天,每半年举办一次。

3)BPEA 退出系列培训

针对 PE 退出环节的培训课程,每年举办四次。

3. BPEA 其他活动

1)"投投适道"

项目对接会,每月中下旬举办。

2)行业交流酒会

BPEA 季度活动。

3)PE 走进高新区

BPEA 季度活动,带领 PE 投资机构与地方政府进行对接及交流。

4. 基金服务

为基金机构提供注册、备案、法律文件拟定、政策优惠落实等服务

5. 全球 PE 北京论坛

BPEA 年度活动,每年下半年举办。

联系方式:

北京市海淀区彩和坊路11号华一控股大厦13层(100080)

传真:86-10-8808-6229

E-mail: bpea@bpea.net.cn

网址:www.bpea.net.cn

官方微信账号:bpea-bpea

会员部：

联系人：丛小姐

联系方式：86－10－8808－7061

E-mail：jhcong@bpea.net.cn

基金服务中心：

联系人：李先生

联系方式：86－10－8808－7063

E-mail：hli@bpea.net.cn

合作与发展部：

联系人：陈小姐

联系方式：86－10－8808－7202

E-mail：kmchen@bpea.net.cn

图书在版编目(CIP)数据

2015年度北京地区股权投资行业报告/北京股权投资基金协会编.
—北京:首都经济贸易大学出版社,2016.5

ISBN 978-7-5638-2502-8

Ⅰ.①2… Ⅱ.①北… Ⅲ.①股份有限公司—融资—研究报告—北京市—2015 ②股权—投资基金—研究报告—北京市—2015
Ⅳ.①F279.246②F832.51

中国版本图书馆CIP数据核字(2016)第092110号

2015年度北京地区股权投资行业报告
北京股权投资基金协会　编

出版发行　首都经济贸易大学出版社
地　　址　北京市朝阳区红庙（邮编100026）
电　　话　(010)65976483　65065761　65071505(传真)
网　　址　http://www.sjmcb.com
E-mail　publish@cueb.edu.cn
经　　销　全国新华书店
照　　排　首都经济贸易大学出版社激光照排服务部
印　　刷　北京京华虎彩印刷有限公司
开　　本　787毫米×1092毫米　1/16
字　　数　313千字
印　　张　12.25
版　　次　2016年5月第1版　2016年5月第1次印刷
书　　号　ISBN 978-7-5638-2502-8/F·1411
定　　价　35.00元

图书印装若有质量问题,本社负责调换